Elisabeth Gänger

Ganz nah dran

Eine Fan-Geschichte aus Bremen

Roman

Schünemann

© by Carl Ed. Schünemann KG, Verlag, Bremen
www.schuenemann-verlag.de
Nachdruck sowie jede Form der elektronischen Nutzung
– auch auszugsweise – nur mit Genehmigung des Verlages.

Satz- und Buchgestaltung: Karin Hannemann
Umschlagfoto: Uwe Voßler
Produktion: Druckerei Asendorf, Bremen

Printed in Germany 2006   ISBN 3-7961-1879-8

1.

„Alter?", fragt die Frau hinter dem Tisch.
„Sechzehn."
„Voraussichtlicher Schulabschluss?"
„Real", sage ich, da guckt sie mürrisch wie bei Bullshit.
Dann mein Berufswunsch. Poah, was weiß ich denn?
„Na, in irgendwas wirst du doch gut sein. Oder in der Schule gut können."
„Bedienen", fällt mir ein, denn das hab ich gestern erst gemacht: zwei Riesencurry und null-vierer Cola.
„Also Hotel- und Gaststättengewerbe", beschließt sie und schreibt und schreibt, doch ich sage: „Englisch, ich kann gut Englisch."
Die Frau sieht von ihrem Blatt auf. Hab ich was Ekelhaftes im Gesicht?
Von einem Plakat hinter ihrem Kopf lacht eine andere mit Camilla-Parker-Bowles-Frisur. „Berufsberater", steht in dicken gelben Buchstaben daneben. „Deine Freunde in Sachen Zukunft."

Die hier hat Igelhaare und einen Mund wie eingelegte Paprikastreifen. „Mmh", macht sie jetzt psychologisch. „Oder willst du's mal in der Reisebranche versuchen? In einer größeren Stadt hast du da vielleicht Chancen."
„Was, ich? Von hier weg?"
„Ja, nun!" Ihr Stift huscht zur Seite. „Viele in deinem Alter mögen das."
„Ich bestimmt nicht", sag ich, ohne mir das überhaupt vorzustellen. Ich kann mir nicht mal vorstellen, in einem anderen Stadtteil zu wohnen. Neulich war irgend so ein Wichtigtuer im Meister-Eck. Je schäbiger die Gegend, hat der gesagt, desto mehr bindet sie einen fest.
„Tja." Meine Freundin in Sachen Zukunft sieht auf ihre Uhr. „Wenn ich dir helfen soll, dann musst du mir schon ein paar Informationen über dich geben. Hast du denn Hobbys? Dinge, die dir Spaß machen?"
Zum Beispiel gestern, dieser Videoclip. Von der Band hatte ich noch nie was gehört. Und ihr Tanzen war auch unterste Schublade. Aber wie die nach und nach alle zusammenkamen. Die abgerissensten Typen, am Ende tanzten sie alle mit. Und die Straße war schlimmer als unsere.
Ich glaube, das gefällt mir so am HipHop. Dass da nicht mal die vollen Mülltonnen stören. Im Gegenteil, die gehören fest dazu. Kaputte Gehwege und im Sommer stinken die Gullys. Aber die Leute halten zusammen. So wie wir damals. Noch kein Jahr ist das her.

„Äh ... Melanie?"
„Ich glaub, ich muss los", sage ich, da rafft sie ein paar Zettel zusammen. „Lies dir die bis zum nächsten Mal durch. Dann sehen wir weiter."
Als ich aufstehe, werden auch ihr zwei Dinge klar sein: Sie ist keine Freundin und ein nächstes Mal gibt's vielleicht auf dem Mond. Doch die Mathestunde ist inzwischen vorbei.

Senne wartet unter dem Vordach der Turnhalle. Zieht den Kopf ein als wäre es ihr peinlich hier zu stehen. „Und?", fragt sie leise, ich weiß nicht, ob aus Rücksicht auf meine verkorkste Zukunft oder weil sie sich wegen der Lauferei gleich schon wieder in die Hosen scheißt.
„Vergiss es!", winke ich ab, und Senne guckt treudoof. Warum nur gucken Leute von fünfundachtzig Kilo und aufwärts immer so mitfühlend? Weil sie sich genau diesen Blick für sich selber wünschen?
„Meine Mutter hat 'ne Freundin, die ist Kosmetikerin. Soll ich die mal fragen?"
„Senne", sage ich und hebe wie zum Bremsen die Hand. „Diesen ganzen Affenkram, glaubst du, ich will das?"
„Aber irgendwas musst du doch machen."
Lily und Josie, unsere Olsen Twins, kommen in nagelneuen Esprit-Blazern über den Vorplatz. Ab August gehen sie auf eine Schule für Wirtschaftsenglisch. Kostet zweihundertfünfzig Euro im Mo-

nat, aber der Vater von der einen ist Lehrer und der andere dreht irgendwelche krummen Dinger im Hafen.

Allmählich trudelt die ganze Klasse ein. Johannes, den alle den Chef nennen, weil er so prima verteilen kann, am besten coole Sprüche, führt das Rudel der Jungen an. Manchmal sieht er sich um und wirft seinen Hinterleuten Satzbrocken zu, so wie er es früher immer mit uns gemacht hat. Wie kann Senne so ruhig dastehen und gegen die Wand glotzen? Ihr Kragen versinkt vorne komplett unter dem labberigen Kinn.

Jenny fragt mich, ob die Tante von der Berufsberatung okay ist.
„Klar", sage ich, ohne den Haupteingang aus den Augen zu lassen. „Wenn du dir ihren Kopf wegdenkst."

Ich kann Rob nirgendwo sehen. Ist wahrscheinlich noch auf dem Rückweg von der Brücke. Seitdem sie das Rauchverbot eingeführt haben, schaffen es viele nicht mehr rechtzeitig zur Stunde.

Jetzt kommt Kaya, die Oberzicke. Ihretwegen hasse ich kastanienbraunes Haar. Hab meins kurz nachdem sie auftauchte in Haselnuss gefärbt. Wie praktisch das ist, wurde mir erst hinterher klar. Denn bald darauf war es auch mit Rob vorbei. Das heißt Kastanie ist für die Zeit mit und Haselnuss für die nach ihm. Falls ich später mal Fotos oder so was zuordnen muss.

In diesem Moment biegt er aufs Schulgelände ein. Redet mit dem Lutscher, unserem Klassensprecher, der so heißt, weil er sich durch nichts beirren lässt, genauso wie der echte Lutscher. Oder der echte Torsten Frings – die Bezeichnung Lutscher mag der ja nicht

so. Unser Lutscher ist allerdings ziemlich groß, überragt Rob um einen halben Kopf. Außerdem trägt er die Jeansjacke in XXL, das macht ihn so schon klobig.
Wenn Rob geht, dann ist das wie bei einer Gazelle. Obwohl er seit mindestens zwei Jahren nicht mehr trainiert. Hab ihn auch nie wieder in Grün-Weiß gesehen. Bestimmt hat er sich nach Young Spirit kein Trikot mehr gekauft, ich weiß ja nicht mal, ob er noch ins Stadion geht.
Der Bechtlow hat die Pause wohl in der Halle verbracht. Kommt jetzt über den dunklen Gang und schließt uns auf. Wie zäher Beton drücken wir uns durch den Eingang.
Senne ist die Erste in der Umkleide. Weil sie so den Platz hinten in der Ecke kriegt. „Du, Mel, wir laufen doch wieder zusammen?"
Seit Wochen machen wir in Sport nichts anderes als für das jährliche Großevent vor den Osterferien zu üben. Den Lauf ums Leher Feld oder, wie wir auch sagen, den ULF-Lauf. Ist vor allem was für die Fünften bis Siebten. Danach sinken die Teilnehmerzahlen rapide ab, bis man in der Zehnten nochmal dabei ist, um sich das Abschlusszeugnis nicht unnötig durch die Sportnote zu versauen.
Geändert hat sich seit unserem ersten Training im Februar nur die Außentemperatur. Die Reihenfolge, in der wir uns über die mit Hundekacke verminten Pfade schleppen, bleibt immer gleich. Rob und der Chef bilden die Spitze, gefolgt von vier oder fünf anderen Jungen. Als erstes Mädchen läuft die Oberzicke. Sie gehört zu einer Sportlerfamilie, Sportler und Unternehmer. „Was für 'ne

Kreuzung!", hat Valerij damals gesagt. Aber dann stellte er fest, dass man über Kayas Vater ziemlich geil an einige Profis herankommt. Seitdem nennen wir ihn den Opportunisten oder auch nur Vale.
Senne und ich bilden das Schlusslicht. Obwohl ich ein ganzes Stück weiter vorne könnte, aber ist egal, hier gibt's schon für die reine Teilnahme eine Drei und auf viel mehr würde ich es ohne Senne auch nicht bringen.
Heute schafft sie es mit nur zwei Unterbrechungen. Dampft dafür aber wie ein Kaltblüter nach dem Galopprennen. Ich sehe den Chef von einer Gruppe zur nächsten gehen. Steuert jetzt auch auf uns zu. „Ey, macht ihr mit, wenn wir noch fünfhundert Meter auf die Strecke draufpacken?"
„Ach, hau ab", antworte ich für die hechelnde Senne, doch er ist bereits weiter.

Ich kenne eigentlich kaum Menschen von außerhalb. Aber sollte ich mal jemandem den Weg zu uns nach Hause beschreiben müssen, dann gäbe es zwei Kriterien, die garantiert zuverlässiger träfen als jedes GPS. Das eine ist der Graufilm, der sich in keiner anderen Straße so konsequent über die Fassaden der Mietshäuser zieht wie in meiner, und das andere der Gestank. Ich denke das jedes Jahr, immer im März oder April, wenn ich aus der Schule komme und die Sonne fällt auf die lecker gestrichenen blauen oder gelben Häuser in den Nachbarblocks, die sie saniert haben und verkehrsberuhigt und was weiß ich alles. In einer der Luxushütten dort residiert auch Kaya. Wird von oben bis unten nur von ihrer Familie bewohnt und in den Fenstern stehen Pflanzen, die bis zur Decke wachsen, ganz anders als bei uns in der Grauzone überall die vergilbten Wimpel vom SVW.

Übrigens habe ich auf der Strecke zwischen Schule und zu Hause gelernt, was antiproportionales Denken heißt. Man fährt durch Straßen, in denen sogar die Pflasterung hübsche Muster hat, und alles ist sauber und bunt und die Krokusse leuchten, und je weiter man sich davon entfernt und die Farbe geht aus dem Bild, desto mehr nimmt der Gestank zu. Die Wiege allen Ekels befindet sich direkt bei uns mit im Haus, nur zwei Stockwerke unter unserem Wohnzimmer: ein Fisch- und Delikatessengeschäft, das eigentlich kaum von Kunden aufgesucht wird, aber vielleicht herrschen auch hier antiproportionale Verhältnisse, denn manchmal glaube ich, je weniger Leute da einkaufen, desto mehr Fisch verarbeiten die. Das Zeug kommt in Eimern und Kisten und hin und wieder sogar noch schwimmend in dicken Plastikbeuteln. Durch die Leute von unten bin ich zu einem echten Fan von Mehrwegverpackungen geworden. Weil sie nämlich alle Behälter, die sie wieder zurückgeben müssen, gründlich auswaschen, während die Makrelenkartons nur lässig am Container gestapelt werden. Gegen das Aroma, das sich dadurch bei uns im Hinterhof entfaltet, kommt nichts an. Weder der beißende Geruch von frischem Röstkaffee, der manchmal über der Stadt liegt, noch die süßsauren Ausdünstungen, mit denen uns die InBev regelmäßig segnet. Der Fischgestank übertrifft alles, besonders wenn sie zusätzlich räuchern. Dann zieht das Zeug nämlich direkt aus den Lüftungsschächten in der Außenwand zu mir ins Zimmer.

Ab und zu muss Senne mir versichern, dass meine Klamotten null nach Fisch stinken. Obwohl sie da vermutlich auch nicht neutral ist. Ihre Mutter betreibt das Meister-Eck, unseren Stammimbiss, und ich weiß ziemlich genau, dass die nur einmal pro Woche das Fett wechseln. Immer dienstags, nachdem sie Ruhetag hatten, am Wochenende riecht Senne also selbst wie eine wandelnde Bratwurst.

Ich schiebe mein Fahrrad durch die verbogene Blechtür und schleiche vom Hof ins Treppenhaus. Bloß keinem von den Fischleuten begegnen. Meine Mutter ist schon da. Fängt morgens auch früh an. Sie hat Cordon bleu und irgendein Tiefkühlgemüse, das beides gleich schmeckt.

„Jetzt nimm doch nicht soviel Mayonnaise! Damit versaust du dir nur die Haut!"

Ich kann meiner Mutter keine größere Freude machen, als täglich eine Spielfilmlänge in meine Gesichtspflege zu investieren und im September mit ihr zur Hafa zu gehen und mich dort schminken zu lassen. Dann wiegt sie sich vor mir und gibt zweistellige Eurobeträge für Fotografen aus, die zufällig vorbeikommen. Wenn's um die Zukunft geht, sagt sie, darf man nicht knauserig sein. Und mein blendendes Aussehen sei nun mal meine Zukunft. Deshalb hat meine Mutter auch einen Beruf für mich ausgewählt, in dem

Optik das A und O ist und den sie selbst gern erlernt hätte, wäre sie nicht schon mit siebzehn an meinen Vater geraten. Ich soll Visagistin werden. Hab's leider versäumt, mich für die Grundausbildung, die man da braucht, bei einem der großen Frisöre um eine Lehrstelle zu bewerben. Jetzt ist da nur noch Tante Gesa, die schon hart auf die Sechzig zugeht und einen Salon in der Neustadt betreibt. Neben Gesas drei Frisierplätzen ragen Gestänge von den Wänden, die aussehen wie Prothesen einer Riesenkrake und an deren Ende jeweils eine Trockenhaube hängt. Meine Mutter sagt, ich könne dort prima die Frisuren aus den Siebzigern lernen, ein Glück, dass die gerade wieder in seien.

Manchmal, wenn Mama selbst an ihrem Plan zweifelt oder daran, dass ich mich überhaupt zu was aufraffe, flucht sie, das läge alles nur an unseren Lehrern. „Wenn's nach denen ginge, dann müsste doch jeder von euch Abitur machen. Aber ich sage dir: Die Streber da, die werden alle noch die Schulbank drücken, dann bist du längst ganz oben."

Das Cordon bleu hat die Konsistenz eines Radiergummis. Ich ziehe den Topf mit dem Buttergemüse zu mir rüber, da geht in Mamas Augen der Alarm an. „Muss das denn sein?", fragt sie, also schiebe ich die Erbsen zurück und meinen Teller gleich hinterher. Ich weiß nicht, was schief gelaufen ist. Hab auch nicht gemerkt, als es passierte, aber Fakt ist, dass bald die Schule zu Ende geht und alle anderen irgendwas planen, entweder ihr BGJ oder die WM, nur ich hänge komplett durch.

„Du solltest deine Bewerbung fertig machen", sagt meine Mutter. „Die Gesa will endlich mal was in der Hand haben."

Mir fällt die Frau mit den Igelhaaren ein. „Ich könnte auch in ein Reisebüro gehen."

„Und dann? Willst du dein Leben lang zugucken, wie die reichen Säcke auf die Malediven fliegen?"

„Da würde ich wenigstens ab und zu Englisch sprechen."

„Mensch, Melanie. Du kannst noch bei so vielen Gelegenheiten Englisch sprechen." Sie stellt die Teller zusammen und steht auf.

„In der Arbeit hab ich übrigens 'ne Eins. War die Einzige."

„Na bitte, ich sag ja, dass du irgendwann beim Film landest", versichert sie dem plätschernden Wasserhahn.

Mein Zimmer riecht wie seit Tagen kein Fenster mehr offen. Aber unten laufen die Ventis, das heißt, sie räuchern wieder und Lüften geht jetzt nicht. Ich ziehe die Vorhänge zu und lege mich aufs Bett. Bei *Get the Clip* versprechen sich mal wieder hunderte von glücklichen Simsern die ewige Liebe. Verdammt, wie soll man das aushalten?

„Wo willst du hin?", fragt Mama, als ich im Flur meine Schlüssel vom Brett nehme.

„Muss nochmal zu Senne."

„Aber die Bewerbung machst du doch fertig, oder?"

Ich nehme auch mein Geld mit. Hab in dem kleinen Sonderpostenladen an der Ecke Turnschuhe in meiner Größe gesehen. Sattes Orange und knöchelhoch für nicht mal zwanzig Euro. Muss nur darauf achten, dass der Stoff an der Stelle, wo das Label eingenäht ist, weit genug überlappt, um es durch ein anderes ersetzen zu können. Bei den letzten ist mir das so gut gelungen, dass mich die Olsen Twins gefragt haben, wo man solche geilen Converse kriegt. „War ein Einzelpaar", habe ich gesagt, dabei stammte das Firmenschild von Schuhen, die die eine höchstpersönlich entsorgt hatte, in einem Altkleidersack vor ihrem Haus.

Als ich mein Fahrrad durch den Gang schiebe, der den Hinterhof von der Straße trennt, öffnet jemand von außen das Tor. Scholle. Kommt jetzt erst aus der Schule. Nimmt wohl noch an einer AG oder so was teil. Scholle ist der Sohn von den Fischleuten. Eigentlich tun wir seit Jahren so, als würden wir uns nicht sehen. Aber da wir uns jetzt fast über den Haufen karren, knurre ich ein stimmloses Hi, kann er von mir aus überhören.

„Hallo Melanie", sagt er. Hilfe, seit wann hat der so eine tiefe Stimme?

2.

Senne liegt mit Kopfhörern auf ihrem Teppich und kaut Toffifee. Wie im Reflex schubst ihre Hand die Schachtel unters Bett. Doch dann sieht sie, dass ich es bin und macht jetzt übertrieben auf Schock. Vor den anderen nascht Senne immer nur Möhren oder Kohlrabistreifen.

Sie müsse gleich für eine Weile in den Imbiss, sagt sie, und ob ich bleiben könne.

„Mal sehen."

Dann zeigt sie mir einen Prospekt mit kleinen Löwen drauf. „Guck mal, süß, oder?"

Kann Pubertät eigentlich in die falsche Richtung abgehen? Dass man sich da zurückentwickelt? Früher hatte Senne immer eine Wand, an der alle Profis hingen, sogar nach Stamm- und Ersatzspielern geordnet. Aber da sind schon lange keine neuen mehr nachgerückt. An der Stelle, wo einmal das Poster von Fabe saß, hat sie jetzt zwei Giraffen vor einem Sonnenuntergang.

Sie bekam diesen Tierknall, nachdem es mit dem Chef vorbei war. Das heißt, einen leichten Sprung in der Schüssel hatte sie früher schon, als ihr Terrier noch lebte. Otto. Dem hat sie immer heimlich Krakauer frittiert, obwohl er schon die ganzen Reste aus dem Imbiss fraß. Aber Krakauer waren nun mal Ottos Lieblingsspeise, ich schätze, daran ist er letztendlich auch verreckt. Konnte sich kaum noch fortbewegen, so aufgedunsen wie er von dem ganzen Fettzeug war. Als er starb, hatte Senne sich gerade in den Chef verliebt. Ich dachte, das Thema Viecher hätte sie danach ein für alle Mal abgehakt, aber im letzten Jahr, nachdem mit dem Chef Schluss war, muss die Seuche wieder ausgebrochen sein. Als hätte sie ihre Gefühle für Typen einfach auf Vierbeiner umgemünzt. Und dabei scheint sie nicht mal groß was zu vermissen. Wenn sich bei uns im Hof die Katzen über die Fischreste hermachen, dann leuchten Sennes Augen auf wie die einer Braut. Und dann kniet sie sich zu den Viechern, die teilweise aussehen wie gerupft, und greift sich eins.

Jetzt sehe ich doch ein Poster, das noch nicht lange dort hängt. Das neue von Aaron Hunt. Klebt an der Seitenwand ihres Regals und ist sogar unterschrieben.

„Seit wann hast du das Autogramm von dem?"

„Die Nessie war neulich mal wieder hier, du weißt doch, die Tochter von Moms Freund. Und mit der bin ich zum Training."

„Wie? Zu den Profis?"

„Wieso nicht?"

Blöde Frage. Weil unsere Werderzeiten vorbei sind. Der ganze Taumel und das Bejubeln der Stars, was bringt das denn, wenn Senne und ich uns da alleine hinschleppen? Das war doch nur gut, solange es unser Team gab.

„Hat echt mal wieder Spaß gemacht", sagt sie und schiebt noch eine Praline nach. „Du, der Valdez lief die ganze Zeit total dicht am Zaun."

Ihre Mutter ruft von unten, dass sie los muss. Ich folge Senne durch die enge Wohnung in den Imbiss, wo sie als Erstes die Fritteuse anheizt.

„Glotze?", fragt sie, die Fernbedienung schon in der Hand. Und ich, mit einem Gesicht wie bei Megabauchschmerzen: „Bloß nicht."

Ich brauche nur die Bank anzugucken, auf der wir früher die Auswärtsspiele verfolgt haben, und könnte heulend nach draußen laufen. Sennes Mutter gestand uns immer nur einen Tisch zu, die anderen blieben für Gäste. Trotzdem waren wir jedes Mal mehr, vor allem als die Rückrunde so klasse anlief. Und je enger es wurde, desto näher krochen Rob und ich zusammen. An dem Sonntag, als sie das Null-zu-zwei gegen Wolfsburg nochmal drehten, saß ich auf seinem Schoß, und er schlang die Arme um mich, total bewusst dieses Mal, nicht wie damals auf dem Domshof, als wir uns alle gegenseitig die Wangen knutschten, da waren die Jungen viel zu spaced out, um noch was zu merken.

Als Nächstes kam Hannover. Da habe ich tagelang vorher gehofft, dass unser Tisch wieder so voll wird, wurde er dann auch, der ganze Imbiss tobte, und Ouzo-Kalle grölte immer lauter, was ziemlich nervte, besonders als die Interviews mit den Trainern kamen. Der Lienen sagte, Bremen sei einfach 'ne andere Liga, da guckte Rob mich an, und wir wussten auf einmal beide, was Sache war. Dass wir nämlich selbst 'ne andere Liga waren, perfekt im Spiel nach vorne und genauso auf Kurs wie Werder.

Die Französischversion von den Deutschmachern, die sie für das vergeigte Lyonspiel gedichtet haben, wurde zu unserer persönlichen Hymne. *On va très bien ensemble*, auch möglich, dass einem so was in einer fremden Sprache leichter über die Lippen geht, beim Vier-zu-null gegen den VfL jedenfalls brauchten wir schon keinen Platzmangel mehr als Motiv. Da nahm er mich selbstredend mit unter seine Daunenjacke, war ja auch schweinekalt. Wenn meine Hände vorne die Querstangen berührten, dachte ich jedes Mal, sie würden daran festfrieren.

Die blöden Bochumer machten einfach die Räume dicht und ließen uns nicht durch. Aber dann schoss Ismaël in der Vierundvierzigsten noch den Führungstreffer. Ich drehte mich zu Rob, und komisch, auf einmal wurde die Hölle um uns herum immer leiser, obwohl wir mitten drinstanden, doch für mich waren da nur noch seine Augen, die totale Ruhe strahlten die aus, und seine Nase war ein bisschen rot von der Kälte.

Ich habe keine Ahnung, wie die anderen, die mit uns in der Reihe standen, zur Halbzeit rausgekommen sind. Aber irgendwann war Wiederanpfiff und dieses Mal tippte der Chef uns an und meinte, wenn wir nur zum Knutschen hier seien, könnten wir doch eigentlich auch rausgehen, dann hätten die anderen mehr Platz. Da drehte ich mich wieder zum Feld, aber die Tore hab ich trotzdem nicht mitgekriegt. Hatte die meiste Zeit die Augen zu, weil seine Lippen so weich auf meinem Hals spazieren fuhren. Ismaël war echt mein Glücksbringer.

„In den Ferien gehen wir übrigens nochmal hin", sagt Senne und stellt eine Schale mit Pommes auf die Theke. „Komm doch auch mit."
Die Dinger sind noch so heiß, dass man die Fettbläschen auf ihnen platzen hört. „Ich fahr dann mal", sage ich und sehe mich wieder nach der Bank um. Als wir gegen die Bayern verloren, habe ich ganz lange mit ihm dagesessen, den Kopf reglos an seiner Brust und auf den Armen seine verzweifelten Hände. Zusammen steckt man Niederlagen einfach besser weg.
Senne pikst eine Fritte auf und pustet sie der Länge nach ab. „Das klingt echt, als wärst du durch mit Werder. Ist dir auch egal, wie die Saison ausgeht, oder?"
„Wenn du wüsstest, was mir alles egal ist."
„Mensch, Mel, manchmal glaube ich, du lässt dich ganz schön hängen."
„Danke, Mama."
Sie wirft ihren Holzpikser auf die Pommes und geht zum Becken. Obwohl da nicht ein einziges Glas zum Spülen steht. Ich sage: „Ist mir echt zu öde geworden, so ohne die Jungs, weißt du?"
„Wir könnten doch neue kennen lernen."

„Toll. Irgendwelche Grölhälse aus'm Stadion oder was?"
„Gibt ja noch andere Orte als das Stadion."
„Ja, Tanzhütten. Da kannst du frei wählen: entweder einen von den Flatratesäufern oder einen, der noch halbwegs klar aussieht. Und der fragt dich dann, was du nach dem Sommer machst und du sagst, hey, ich mach voll auf Tiere, und das geht ja sogar noch, ist ja was Individuelles. Aber überleg mal, *ich!* Was *ich* dem sagen soll. Dass ich Frisörin lerne? In einem Laden, der längst abgerissen gehört? Glaubst du, irgendjemand steht auf so was?"
„Dann machst du eben doch was anderes. Musst dich jetzt nur drum kümmern."
„Genau. Wo die alle auf mich warten."
„Du findest bestimmt noch was. Worauf hast'n Lust?"
„Keine Ahnung. Vielleicht auf Einfrieren?"
Senne schnaubt schon genauso genervt wie die Tante heute vom Arbeitsamt. Jetzt hat sie doch ein Glas zum Spülen entdeckt. Tut so, als hätte es einen Fettrand oder so was. „Übrigens", sagt sie und dabei kriegen ihre Wangen Grübchen. „Zur WM besorgen Mama und der Ralf 'nen Plasma-Fernseher."
„Scheiß-WM."
„Na, hör mal! Weißt du nicht mehr? Vor zwei Jahren, Portugal?"
„Mann, da waren wir noch Kinder!"
„Hab noch nie ein Kind gesehen, dass sich Fotos von Milan Baroš übers Bett klebt."

„Ach, Senne."
„Und das andere", sagt sie, „also, was du danach machen willst, das versuchst du jetzt rauszufinden. Mensch echt, das ist vielleicht unser letzter gemeinsamer Sommer. Wer weiß, bei welcher Agentur du nächstes Jahr schon rummodelst."
„Jetzt redest du wirklich wie meine Mutter."
„Also, zweieinhalb Monate. Dann ist Auftakt. Und bis dahin musst du besser drauf sein."
„Sag mal, wo nimmst du eigentlich die Energie her?"
„Weiß nicht. Der Ralf meint immer, wenn Leute wie wir uns hängen lassen, dann sind wir praktisch schon tot."
„Na, super. Da kann ich mich ja gleich abmelden."
„Aber vorher machst du mit mir noch den ULF. Oder willst du, dass ich deinetwegen in Sport 'ne Fünf kriege?"

Ich sehe es schon an der Art, wie meine Mutter ein Geschirrtuch aufhängt, ob sie gut oder schlecht gelaunt ist. Flüchtig über den Heizkörper werfen und dann zielstrebig auf etwas anderes zugehen heißt normale Alltagsbewältigung, wir befinden uns im grünen Bereich. Heute aber zieht sie das feuchte Tuch so gequält in die Breite und senkt dabei den Kopf, als stünde auf seinen Karos eine Weltuntergangsbotschaft.
Mein Vater stochert in seinem Essen herum und klang auch schon mal fröhlicher. „Hallo Melanie."

Ich gieße mir nur schnell ein Glas Milch ein. Besser nicht wissen, was los ist, das letzte Mal konnte ich abendelang nicht einschlafen. Da hatten sie meinen Daddy auf Kurzarbeit gesetzt und das, obwohl Mama gerade die neue Ledergarnitur bestellt hatte und das Auto ist bis heute nicht abbezahlt.

„Mensch, Ute, das musst du doch einsehen", höre ich ihn von meinem Zimmer aus. „Man macht nicht mal eben so ein eigenes Geschäft auf. Nicht in der heutigen Zeit."

Also, darum geht's. Mama stresst ihn mal wieder wegen seines Jobs. Seitdem der Teppichmarkt, in dem er arbeitet, die Öffnungszeiten so krass zusammengestrichen hat, will sie unbedingt, dass er sich selbstständig macht. Am liebsten in dem Laden unten. Deshalb hasst Mama die Fischleute nicht nur wegen des ständigen Krabbenmiefs, sondern auch weil sie die Geschäftsräume blockieren, die sonst mein Vater beziehen könnte. Ich weiß allerdings nicht genau, womit.

„Du hast einfach keinen Mumm in den Knochen", sagt sie jetzt, ich glaube, Papa zieht sich eine Jacke an.

Die von unten sind inzwischen fertig mit Räuchern, endlich frische Luft. Meine neuen Turnschuhe passen super. Ich werde das Nike-Schild für sie opfern, das ich zuletzt an dem Kapuzensweater von Kaufhof hatte.

3.

Regen, als ich am Tag vor den Ferien aufwache. Wenn das so weitergeht, muss ich die Bahn nehmen. Passiert nicht oft, vielleicht fünf- oder sechsmal im Schuljahr, dass es wie aus Eimern schüttet. Papa sitzt am Küchentisch und liest den Sportteil.
„Ich dachte, du hast diese Woche früh."
„Will nachher mal zum Arzt. Wegen meinem Rücken."
Die Laufsachen packe ich bei dem Mistwetter eigentlich nur pro forma ein. Weil von Büchern keiner was gesagt hat. Wenn Sport ausfällt, lässt uns der Bechtlow vielleicht schon nach der Zweiten gehen. Da reichen ein Joghurt und die Wasserflasche.
Mit der Bahn sind es drei Stationen. Stadtauswärts, deshalb fahre ich diese Strecke nur bei Regen. Weiter vorne gibt's einen neuen Laden. „Champions Catering", steht in weißen Buchstaben auf leuchtendem Grün, sogar mit Werderraute daneben. Ich frage mich, wie viele Trittbrettfahrer es in dieser Stadt gibt. Seit dem Double nennen sich selbst rollende Dönerwagen schon irgendwas mit Meister.

Die Kapuze brauch ich gar nicht mehr. Kommen nur noch ganz mini Tröpfchen. Ich biege in den Fußweg zur Turnhalle, da winkt Senne mir aus einem Knäuel von Leuten wie blöd zu – jaja, du kriegst schon deine Drei.

Dann die Anweisungen der Lehrer. Wir starten an dem-und-dem Punkt, die Kleineren von dort und so weiter. Ist blöd wegen der Klamotten. Aber das Ziel wird auf dem Sportplatz sein, nicht da, von wo wir loslaufen, deshalb stapeln wir unsere Rucksäcke in der Umkleide.

Draußen sagt mir Senne, ich solle öfter mal einen Zopf tragen, das mache mich so athletisch. Ein paar Übereifrige von uns sind schon weit vorne, da fällt auch Senne wieder ein, was ihr gleich blüht, und sie guckt schweigsam nach unten.

Rob hat die Poleposition, zusammen mit dem Chef. Normalerweise laufen wir zwei oder drei Reihen hinter ihnen, aber heute sind es mindestens vier, weil alle mitmachen, sogar die Dauerschwänzer. Das Feld zieht sich deutlich schneller auseinander als im Training. Kann sein, weil die Ehrgeizigen heute noch einen Zahn dazulegen, möglich aber auch, dass sie in diesem Jahr einfach konzentrierter sind als im letzten. Da war am Tag vor den Osterferien gerade die Nachricht von Allofs' Deal mit Owo über uns reingeplatzt und die Jungen hätten am liebsten dauerdiskutiert, denn Bajramovic war ja noch offen, und den wollten sie jetzt auch.

Ein Glück, ist der Boden weich. Die Sohlen meiner Billigturnschuhe sind so dünn, dass sich jeder Schritt anfühlt wie barfuß auf

Kies. Zwanzig, dreißig Meter vor uns läuft Kaya auf echten Nikes. Wie kriegt man Selbstbewusstsein? Durch Klamotten? Wenn die Alten Kohle haben? Es sind öfter mal Neue zu uns in die Klasse gekommen, doch als sie auftauchte, war auf einmal alles anders. Als ob sie einen ganz neuen Wind zu uns reingetragen hätte. Die Haut wie gerade zurück aus der Karibik und einen knallengen moosgrünen Samtblazer, bei dem selbst den Olsen Twins die Luft wegblieb.

Dabei war Kaya nicht arrogant oder so was. Vielleicht merkte sie nicht mal, dass es in unserer verschlafenen Klasse plötzlich vor Spannung knisterte. Sie war noch nicht lange da, ein, zwei Wochen vielleicht, da kriegten wir eine Englischarbeit zurück und Kaya sprach mich in der Pause an: „Hey, du musst richtig gut sein."

Sie trug meine Traumturnschuhe von Diesel. Braunes Wildleder mit altrosa Streifen. „Die hab ich von Sidestep", meinte sie, und ich nur: „Ich weiß."

Blöder kann man gar nicht sein, weil Ich-mag-deine-Schuhe plus Ich-weiß-wo's-die-gibt natürlich nichts anderes heißen kann als Sieh-nur-was-für-'ne-arme-Sau-ich-bin. Und dann sagte Kaya auch schon: „Übrigens, wenn du dein Taschengeld aufbessern willst, du kannst bestimmt ab und zu bei uns im Leagues Inn arbeiten. Das ist die Kneipe, die zu unserer Fußballanlage gehört. Soll ich mal meinen Vater fragen?"

Senne meinte, bedienen könne ich auch im Meister-Eck, und gut, dass ich nicht auf Kayas Angebot reingefallen bin. Bald darauf nämlich schrieben wir die nächste Arbeit, da fragte sie mich, ob sie neben mir sitzen könne, was nicht ging, denn den Platz rechts von mir hatte bereits der Lutscher und den linken wie immer Senne, jedenfalls kriegten wir die Arbeit zurück und Kayas war eine satte Fünf. Sie schrieb eine ganze Serie von Fünfen. Ein paar Mal quatschte sie mich auch noch wegen dieser Bedienungssache an, immer kurz vor einem Test und in diesen superdouper Klamotten, bin ich vielleicht Aschenputtel oder was?

Senne kann das Tempo nicht halten, obwohl der Abstand zu denen vor uns schon peinlich groß geworden ist. Sie keucht und rotzt und ich mache meine Schritte noch etwas kürzer; inzwischen tut das Abbremsen mehr weh als wenn ich richtig Gas geben würde.

Die Tropfen werden auch wieder dicker. An einigen Eckpunkten stehen Lehrer in komfortablen Sympatex-Jacken und geben hektische Ja-ja!-Rufe von sich und dass wir es schaffen. Rob und der Chef sind bestimmt schon auf dem Sportplatz. Ich kann gerade mal die ersten Fahnen sehen und ein grün-weißes Fahrzeug. In den letzten Jahren kamen die von Werder immer mit einer Art Bus, an dem man die eine Seite aufklappen kann und aus dem Toto, der Blödmann, mal ein Trikot geklaut hat.

„Los komm, Senne, wir sind doch gleich da."

Sie schleppt sich auf meiner Schulter hängend durchs Ziel. Die meisten hantieren schon mit Pappbechern und irgendwelchen Wasserflaschen herum. Kaya, unsere weibliche Siegerin, steht triumphierend neben den beiden Jungen. Jetzt geht auch der Lutscher zu ihnen rüber. Offenbar hat er eine Neuigkeit, denn Rob stützt sich mit den Händen auf dem Rücken des Chefs, um das Gewusel aus hysterischen Fünft- bis Siebtklässlern nach etwas Bestimmtem abzusuchen. Auf einmal zieht er ein Frohgesicht, wie ich es zuletzt vor einem Jahr beim Zwei-zu-eins gegen Nürnberg an ihm gesehen habe, damals noch auf unserer Bank im Meister-Eck. Ich wüsste zu gerne, was ihn zu diesem Lachen bewegt hat, doch da ist niemand, auf dessen Rücken ich mich stützen könnte, um vielleicht auch durchzublicken; Senne sitzt längst auf einer umgedrehten Leerkiste.

Dann wird das Ganze ein bisschen wie Stille Post. Der Lutscher dreht sich zu Jesko, dessen filzige Löckchen normalerweise üppig in die Luft ragen, aber heute hängen sie wie ein nasser Flokati. Jesko flüstert Laura was zu. Die streckt sich kurz, schafft es aber nicht hoch genug, und noch während Senne ihre röchelnde Kehle mit Wasser benetzt, teilt mir eine der Olsens mit: „Hast du schon gesehen? Boro ist da."

Sie nehmen öfter Profis mit auf diese PR-Touren, meistens ehemalige. Marco Bode war schon zweimal bei einem Jahreslauf von uns dabei. Der ist voll in Ordnung, aber wir haben im Universum mal Micoud getroffen, Mann, das war was! Saß total von uns eingekesselt auf irgendeiner Bank und kam erst wieder frei, nachdem er hunderte von Blancoseiten aus unseren Collegeblöcken signiert hatte. Er muss an dem Tag richtig gut drauf gewesen sein.

Ich mag eigentlich kein stilles Wasser, lieber das mit wenig Kohlensäure. Aber ist egal heute, wenn der Regen nicht bald aufhört, wird diese Veranstaltung sowieso vorzeitig abgebrochen. Nur noch schnell die Siegerehrung.

Sie schaffen es gerade mal bis zur Acht b, da bricht es wie aus Kübeln über uns rein. Senne zieht mich zu einem Unterstand aus Planen, die was von einem Notlager bei den Pfadfindern haben. Ist höllisch laut, das Prasseln.

An der Seite stehen ein paar Bänke. Wir nehmen eine, auf der noch niemand sitzt, und igeln uns ein. Ich wünsche mich in mein warmes Bett, für den Fischgeruch brauche ich nicht mal 'ne Hypnose – das nass gewordene Shirt setzt so einiges an heimischen Düften frei.

Immer dichter drängen sich jetzt die Turnschuhe und Lehrerbeine vor unseren Augen. Die Bank muss inzwischen auch voll sein, ich merke es an den Erschütterungen, jedes Mal wenn sich jemand setzt. Rechts von mir gucke ich auf Oberschenkel, die unglaublich lang sind und in Jeans. Wird keiner von denen sein, die mitgelaufen sind, etwa ein Lehrer? Mich interessiert das eigentlich nicht wirklich, aber alles ist besser als diese feuchte Kälte, deshalb richte ich mich langsam auf. Meine Güte, ist der Typ groß! Blonde Haare und riesige braune Augen, Mensch, kneif mich mal einer, das ist doch ... Boro! Ich sitze hier neben Boro, fast so nahe wie früher neben Rob, und weiß es nicht mal!

„Hi", sagt er, wahrscheinlich weil ich ihn anstarre wie einen Außerirdischen. „Euch ist kalt, was?"

Ich will eigentlich zustimmen, aber es kommt nichts, nur das Bild, wie er letztes Jahr bei den kleinen Bayern mit bloßen Beinen auf dem Eis stand, da kann ich doch jetzt nicht von Frieren sprechen!
„Ist nur von dem Regen", sage ich. Meine Sätze waren auch schon mal besser.
Er beugt sich vor, als wollte er durch das Gewusel aus Beinen hindurchsehen. „Vielleicht kannst du dir eins von den Handtüchern holen", sagt er und zeigt in Richtung Bus.
Was denn, jetzt? Von hier weggehen? Wo die Kids bisher nicht mal mitbekommen haben, dass er neben mir sitzt? Bitte, mach dich nicht wieder so gerade! Wenn sich nur einer von den Idioten umdreht!
„Nee, das ist okay", sage ich ohne zu wissen, ob er mich bei dem Lärm versteht. „Wir gehen uns bestimmt gleich umziehen."
Hat er genickt? Interessiert ihn überhaupt, was ich von mir gebe? Ich trau mich nicht, zur Seite zu gucken, ich trau mich ja kaum zu atmen. Ob er die Makrelen in meinem T-Shirt riecht? Vielleicht wäre ich doch lieber woanders.
Senne hängt noch genauso in den Seilen wie vorhin. Tim – mir ist wie bei tausend Stecknadeln, als ich diesen Namen denke – Tim stützt seine Ellenbogen auf den Oberschenkeln ab und wippt mit den Beinen. Mir fallen Tore von ihm ein. Sein Auftritt damals im Sportclub, als er auch so eine verwaschene Jeans trug. Auf einmal ist die Freude wieder da. Wie er letztes Jahr so mir nichts, dir nichts seinen Vertrag verlängert hat, ich könnte ihm auf der Stelle um den Hals fallen.

„Ist das 'ne Eigenkreation?", fragt er, gerade wollte ich zupacken. Er meint die Raute auf meinem Ärmel. Dauert Lichtjahre, bis ich das schnalle. Und noch länger, bis ich sprechen kann: „Die hab ich mir auf einem Basar machen lassen. Von einer Kunststickerin."
Mensch, hätte da nicht auch ein Ja genügt?
Doch jetzt nickt er. Mehrmals sogar. Und sagt: „Sieht professionell aus. Vor allem zu deinen Schuhen", da lächele ich selig. Und kein Wort darüber, dass die gefaked sind.
Tim lächelt auch. Dieses weite Schräg-nach-oben-Lächeln, wie wenn ein Reporter ihn fragt, ob er sich das hätte träumen lassen: zwei Tore in so einem Hammerspiel.
Mit gespreizten Fingern streicht er sich jetzt die Haare aus der Stirn. Hundertmal gesehen.
Ich möchte was sagen. Zum Beispiel, dass es Wahnsinn ist, ihn hier zu treffen. Doch da streckt er sich über alle anderen weg. Offenbar hat irgendein Wichser was von Weitermachen gerufen.
„Also, ciao", sagt er und ich seh nur noch seine langen Beine.
Das Zelt wird schnell leerer. Allmählich rappelt sich auch Senne wieder auf. „Mir ist total schlecht", stöhnt sie. „Lass uns bloß von hier abhauen."

4.

Mama sagt, bevor ich rausgehe, soll ich mir die Wimpern tuschen. Bin so farblos von der Erkältung. Und ich muss Gesa anrufen, die wartet seit Tagen. Aber ging ja nicht vorher, der Scheißregen neulich hat mich eine Woche Ferien gekostet.

Bei Lidl sind Orangen im Angebot. Wenn ich mir die hole, meint Mama, bin ich wenigstens zur Schule wieder fit. Weiß nicht, ob ich das will. Weiß überhaupt nichts. Letztes Jahr Ostern haben wir Deutschland gegen Slowenien geguckt. Und dann noch eine Woche frei. Es ging immer so – Ferien, Schule, Ferien, Schule, als ob es nie was anderes gäbe.

Der Chef war der Erste mit einem Ausbildungsplatz. Obwohl, das gilt nicht, denn er fängt in der Firma seines Onkels an. Musste sich nicht mal 'nen Kopf darum machen. Stahlbetonbauer, das lief alles über seine Eltern.

Eigentlich war niemandem von uns vor einem Jahr klar, dass bald eine neue Zeit anfangen würde. Und auf einmal sind es nur noch ein paar Wochen und dann aus.

Gesa ist selbst am Apparat. „Hach, du Arme!", sagt sie. „In den Ferien krank! Und ich hab schon gedacht, du hättest keine Lust vorbeizukommen."
Nääärv!
Bevor ich fahren kann, muss ich den Hinterreifen aufpumpen. Fällt schwer nach so vielen Tagen nur drinnen. Fällt überhaupt alles schwer. Senne ist noch auf dem Reiterhof, wo sie schon als Kind war und jetzt Pferde pflegt. Ihr Handy lässt sie tagsüber aus.
An der Hauptstraße kommen mir Rob und der Chef entgegen mit einem Mädchen. Zu spät um abzutauchen, der Chef macht schon wilde Begrüßungsgesten.
„Na? Alles cool?"
„Klar. Und bei euch?"
„Hervorragend", versichert er und das Mädchen himmelt ihn an. Rob hält den Kopf schräg. Mensch, sag doch was! Aber er guckt nur.
Und wenn ich mein Fahrrad einfach abstelle und mitgehe? Wir hatten nie Krach oder so was, nur diese doofen Beleidigungen. Ich dachte immer, er wollte mich provozieren, aber vielleicht habe ich ja auch rumgezickt.
„Geht ihr zur Bahn?"
„M-m-m."
„Da vorne kommt eine", ruft das Mädchen und Rob, wie ein Arschloch: „Los, die kriegen wir!"

Zurück fahre ich durch Seitenstraßen. Ist nicht gerade das pralle Leben, wenn man kein wichtigeres Ziel hat als Lidl. Ich sehe Scholle bei uns aus dem Tor kommen. In der Sechsten haben wir ihn aus der Klasse geekelt und jetzt hat er ein Moped und wer weiß, vielleicht ja auch einen Haufen Freunde, zu denen er gerade fährt.
Mama sagt, um wieder appetitlich auszusehen, braucht meine Haut noch viel mehr frische Luft. Hat sie sich eigentlich jemals gefragt, was ich brauche?
In der Nacht träume ich wirres Zeug. Wie ich einer Oma die Haare grün färbe und Gesa mich rausschmeißt und ich sofort weiß, wo ich hingehen muss: irgendein Treffpunkt, an dem die anderen schon warten, größer und viel cooler als der Imbiss und Senne ist dünn wie ein Meterbrot. Ich sitze neben Rob, dessen Arm kleine Glückssignale auf mich aussendet. Stundenlang sitzen wir da und keinen Gedanken an die Zukunft. Scheint alles geregelt zu sein, nur die Musik ist ein bisschen zu laut. „Los, komm, wir gehen was trinken, nur wir beide." Und ich denke, Wahnsinn!, endlich mal! Ich guck nur noch kurz in die Runde, ob das okay ist, doch die anderen sind alle friedlich am Quatschen: der Chef und der Lutscher und einer, der dasselbe Gesicht hat wie Rob, da sehe ich an dem hoch, der mich die ganze Zeit schon hält und der sich jetzt die blonden Haare aus der Stirn streicht und mich total verliebt anlacht. Ich lache auch und dann albern wir, bis sich unsere Nasenspitzen berühren und verfehlen und wieder treffen. Ist wie im Himmel, ich hab mich noch nie so gut gefühlt. Plötzlich fängt es

an zu regnen. Nur da, wo wir sitzen. Aber Tim hat ein Strandtuch dabei, riesig groß mit grün-weißen Streifen, das spannt er über uns und hüllt mich nach einer Weile darin ein: „Damit dir nicht kalt wird", sagt er und seine Augen sind ganz nahe und haben aufgehört zu lachen, meine auch.
Beim Aufwachen regnet es tatsächlich. Ich zieh mir die Decke über den Kopf, aber keine Chance, ich komm da nicht wieder hin.
Mama hat die Frühstückssachen für mich stehen lassen. Ich gehe ins Wohnzimmer, aufs Klo, die Zähne putzen – ist egal, was ich tue, immer lachen mich seine Augen an.
Gegen Mittag meldet sich Senne. Will Freitag Abend zurück sein. „Kommst du dann ins Eck?"
„Och, immer ins Eck. Wir könnten doch auch mal in die Stadt oder so. Was sagtest du, wann geht ihr das nächste Mal zum Training?"
„Keine Ahnung. Wenn die Nessie wieder bei uns ist. Oder wollen wir da mal alleine hin?"
„Allein wäre auch gut."
„Sag mal, Mel, du klingst so anders. Hast du was geraucht?"
„Mensch, Senne, wir haben bald WM. Glaubst du, da dröhn ich mich zu?"
„Ich glaub, es wird Zeit, dass ich nach Hause komme."
„Na, dann mach mal."
Danach bringe ich den Müll runter. Scholle sitzt im Hof vor seinem Moped. „Hi, Basti!", rufe ich wie früher, bevor er für die meisten nur noch Scholle hieß.

Er grüßt stumm mit einem Schraubenschlüssel. Eigentlich gut, dass er nicht nachtragend ist.

Der Chef hat Stalteri mal mit seinen Leuten im Weserpark gesehen. Und Yasmin sittet seit Jahren Kinder, deren Eltern ganz dick mit den Baumanns befreundet sind. Das Geilste ist, was die Schwester von Jenny erlebt hat. Die hat lange im Casa und im La Viva und ich weiß nicht, wo noch alles, gearbeitet. Jedenfalls hat sie die meisten Profis schon persönlich bedient und kann einem genau sagen, wer wieviel Trinkgeld gibt. Boro, erzählte sie mal, habe gar nichts gegeben. Doch das ist Jahre her. Vielleicht hatten die es in Meckpom nicht so mit Trinkgeld, vielleicht war er auch noch zu scheu. So, wie ich ihn mir vorstelle, ist er überhaupt nicht scheu. Mensch nochmal!, wie kann einem das Unterbewusstsein dermaßen einen Streich spielen, dass man anstatt der grauen Scheiße auf einmal rosa Elefanten sieht?
Das Telefon klingelt. „Melanie, du musst unbedingt deine Bewerbung zu Gesa bringen."
„Ja, Mama."
„Und gehst du bitte auch zu Schlecker? Die haben grad die Aloevera-Creme im Angebot."
„Aber die riecht doch so mottig."
„Komm, mach mal! Die Frau aus dem Schminkkurs hat die extra empfohlen."
Ich habe noch einen Karton mit alten Werdersachen. Magazine,

die ich bis vor einem Jahr gesammelt habe, und hunderte von Zeitungsausschnitten. Oben drauf liegt das Quiz, das Senne und ich uns in den Ferien nach dem Double gebastelt haben. Geburtsdatum, Bundesliga-Einsätze und so weiter. Es war der Sommer, in dem Miro kam. Wir waren vierzehn und verstanden überhaupt nicht, weshalb die älteren Mädchen plötzlich reihenweise im Fanshop arbeiten wollten. Für uns zählten vor allem die Tore, die wir natürlich nicht Tore nannten, sondern Abschlüsse, und am nächsten Tag ärgerten wir uns jedes Mal über die vernichtenden Kommentare bei *Werder in Noten*.

„Tennis, Basketball, Freunde, Musik", steht in Boros Porträt unter Hobbys. Blöd, dass sie so ein gestelztes Foto genommen haben. Ich hab ihn anders gesehen, verdammt, ich muss dringend jemanden nach seinem Privatleben fragen. Mein Wissensstand von vor einem Jahr ist: feste Freundin. Aber wie kann einer, der so verwegen guckt wie er, fest liiert sein?

Kaya. Sie könnte es mir sagen. Ihr Vater betreibt eine Anlage für Hallenfußball, in der so ziemlich alles verkehrt, was in der Szene Rang und Namen hat, montags, zum Beispiel, da kickt er gegen Arnd Zeigler.

Noch fünf Tage bis zur Schule. Aber soll ich Kaya dann vielleicht fragen, ob sie mir ein Date mit Tim Borowski verschafft? Wo ich sie nicht ein einziges Mal habe abschreiben lassen?

Ich fahr erstmal zur Bücherei. Mir sein Lieblingsbuch besorgen. Und auf dem Weg dahin bei Schlecker rein. Vielleicht vergisst

Mama das mit der Bewerbung, wenn ich schon mal die Stinkcreme gekauft habe.
Im Drogeriemarkt ist wie immer tote Hose. Die Sachen aus dem Angebot stehen vorne quer. Ich bin schon auf dem Weg zur Kasse, als jemand meinen Namen ruft. Rob. Stöbert doch tatsächlich bei den Fächern mit Eau de Toilette.
„Na?", frage ich. „Noch was Größeres vor heute?"
„Quatsch. Und du?"
„Ach, was man so macht. Will grad mal zur Bücherei."
„Du bist viel auf Achse, was?"
„Du doch auch."
Schabt mit dem Fuß. Sagt: „Ist schon komisch, oder? Die letzten richtigen Ferien?"
„M-m-m."
„Was machst du jetzt eigentlich? Ich meine, ausbildungsmäßig."
„Weiß ich noch nicht genau. Vielleicht was mit Sprachen."
„Echt?" Er überlegt kurz. „Naja, bei deinen Noten."
Wenn doch meine Mutter das auch so sähe! Aber das sag ich nicht. Wundere mich nur, wie spontan das eben aus mir herauskam. Rob fragt, was ich heute noch auf dem Plan habe. Nichts Bestimmtes. Da klingelt sein Handy: „Hey, Alter!"
Das kann nur der Chef sein. Ort, Zeitpunkt, alles kein Thema. Nur noch: „Okay, dann bis gleich."
Ich seh zu, dass ich zur Kasse komme. „Tschüs, Melanie", ruft er, ich drehe mich besser nicht um. Zehn Sekunden früher und ich

wäre womöglich mit ihm Crêpes essen gegangen. Und hätte mir wieder sonst was für Illusionen gemacht, und für ihn wär's ein reines Zeit totschlagen gewesen.
Das Buch haben sie natürlich nicht. Scheißtag. Dabei hat er so gut angefangen. Auf meinem Bett liegen noch die ganzen Zeitungsausschnitte. Oben drauf der über das Werderinternat. In dem Boro mit gestreckten Armen in die Luft zeigt. Am rechten Handgelenk kann man total deutlich die Sehne erkennen. Und seine Haare völlig verschwitzt. Früher hatte er sie irgendwie länger, nicht so konsequent durchgestuft. Sieht aber cool aus. Er ist sowieso einer der Wenigen, die selbst mit einer Tube Gel darin noch nicht lächerlich wirken.
Irre, wie viele Fotos ich von ihm habe. Untersuche sie jetzt eins nach dem anderen, doch auf keinem guckt er so entspannt wie neulich beim ULF, nicht mal auf dem, als er Aaron Hunt zu dessen Tor gegen Gladbach gratuliert.
Und wenn er jetzt doch mich angesprochen hat? Ich meine, mich als Person, mit der er gezielt was zu tun haben wollte und nicht nur so hohl daherquatschen. Seine Augen, als ich das von der aufgestickten Raute erzählte, waren aufmerksamer als Rob gucken würde, wenn er Joss Stone neben sich hätte. Mehr Intensität geht ja wohl nicht. An so einem Tag.
Mensch, das wär's doch! Ich muss ihn irgendwo alleine treffen. Ohne den ganzen Affenkram, der normalerweise um ihn herum ist. Und dann checken, ob er wieder so interessiert guckt oder sich

sogar an mich erinnert. Mama sagt, es gibt keine Zufälle im Leben. Und wenn da jetzt was Wahres dran ist? Und der Moment neulich Vorsehung war, sozusagen meine schicksalhafte Begegnung? Mann, ein Stammspieler von Werder Bremen! Und Mama hat immer auf einen Fernsehheini gehofft!

5.

Senne ist schon nachmittags zurück. Hängt total durch, als sie wenig später bei mir aufläuft. Jeden Abend Party, sagt sie, das habe sie als Kind gar nicht gewusst, wie die Betreuer auf so einem Hof nach Feierabend die Sau rauslassen. „Und was hast du die ganze Zeit gemacht?"
Soll ich sagen, die Saison aufgearbeitet? Sämtliche Spiele der Rückrunde studiert, damit ich, wenn es zu einer Unterhaltung kommt, alles parat habe? Ich muss sie vorsichtig in meinen Plan einweihen. Einen Profi treffen zu wollen, das würden schon die, die selbst davon träumen, als hirnrissig bezeichnen. Jemand wie Senne, der beziehungsmäßig auf null ist, muss das für Größenwahnsinn halten.
Sie fragt: „Hast du dich nochmal mit deiner Zukunft beschäftigt?"
„Kann man so sagen."
„Also machst du jetzt diese Ausbildung?"
„Hör bloß auf, meine Mutter stresst mich schon dermaßen ab."
„Dann was anderes?"
„Senne!"

Seufzt genervt. Kann nur vernünftig denken. Aber merkt wenigstens, wann es genug ist. „Und die aus der Klasse?", fragt sie. „Hast du mal jemanden getroffen?"

Ich schüttele den Kopf. Warum sie damit belasten, dass der Chef eine Neue hat? Obwohl das natürlich alle irgendwann haben, ich ja vielleicht auch. Und Senne hat ihre Viecher. Und Schokolade. „Was meinst du?", frage ich. „Wollen wir dann nächste Woche mal zum Training?"

„Nächste Woche ist Schule."

„Mann, nachmittags!"

„Warum nicht?" Sie steht auf und geht ans Fenster.

„Sag mal, Senne, hast du abgenommen? Deine Jeans sitzt ja total schlabberig."

„Och, ich hab nur auf den Süßkram verzichtet. Wo will der denn hin?"

Jetzt gehe ich auch gucken.

Scholle. Knattert gerade mit dem Moped von der Auffahrt. Seine Lederjacke scheint mehr zu wiegen als ein Eimer Heringssalat, aber die Hosenbeine flattern wie Fallschirmseide in der Luft.

„Kann der sich keine vernünftige Jacke kaufen?", lästert sie.

„Ich frag mich eher, weshalb der so doofe Stoffhosen dazu anzieht."

„Vielleicht steht seine Freundin auf elegant. Meinst du, er hat eine?"

„Weiß nicht, das wär dann jedenfalls 'n echter Sahnehering."

„Iiih!" Sie dreht sich weg vom Fenster, setzt sich wieder vors Bett. „Ich muss dir was erzählen."

„Ich dir auch."
„Echt? Was mit Jungen?"
„Naja, so ähnlich."
„Wer?"
„Kennst du nicht. Das heißt, nicht aus der Schule. Senne, mir ist das total peinlich, aber ... glaubst du an so was wie Schicksal?"
„Pfff, meinst du jetzt mein Schicksal als Imbisstochter und deins als angehendes Model?"
„Nee. Dass man jemandem begegnet. Und dass so ein Moment dein Leben verändert."
„Hey, wen hast du getroffen? Thomas Schaaf?"
„Nicht ganz. Aber ... Boro, ich hab Boro getroffen."
Und dann erzähle ich ihr alles. Von dem Lauffest, als sie völlig durchhing, während er neben uns saß, und von meinem Traum, in dem er so klasse war. „Ehrlich, Senne, wie der mich angeguckt hat! Das war echt die Fortsetzung von dem Treffen beim ULF, ich bin mir ganz sicher, irgendwas ist da."
Senne hält sich die Stirn wie einer bei *Wer wird Millionär*, dem Jauch schon zum x-ten Mal die Frage vorlesen muss. Aber dann nickt sie. „Okay. Gehen wir einfach mal zum Training."
„Ja, und?"
„Was, und?"
„Na, deine Meinung! Glaubst du, ich spinne?"
„Ich hab eher den Eindruck, du begreifst allmählich, dass du mit deinem Aussehen ganz schön was reißen kannst."

„Ach, Senne." Ich ziehe Streifen auf dem Teppich. Will eigentlich nicht, dass sie so was sagt. Gerade Senne, die sich wegen ihres Körperumfangs alle Jungenträume aus dem Kopf geschlagen und der Tierwelt verschrieben hat. „War's denn gut mit den Pferden?"
„Was?"
„Na, auf dem Reiterhof", will ich ihr wenigstens ein bisschen zuhören.
„Also, so viel hatte ich da gar nicht mit Pferden zu tun."
„Sondern?"
Sie pustet die Luft aus wie bei Lampenfieber. Guckt mich so von unten herauf an. „Ich hab mich total verliebt, Mel."
„Ist ja hammerhart! Und? Siehst du den irgendwann mal wieder?"
„Wieso irgendwann? Er kommt morgen. Holt mich zum Spiel ab. Ein Freund von ihm hat Karten für die Ostkurve. Und danach, weiß nicht, da tingeln wir vielleicht durchs Viertel. Mel! Hörst du mir zu?"
Sie sagt, sein Name sei Marc und er habe einen blauen Fiesta und dieselben süßen Schweinchenaugen wie Christian Schulz. Meine verformen sich gerade zu Schlitzen. „Du hast mit ihm gepennt", zische ich, doch sie lacht nur: „Hey, Mama, ich bin sechzehn! Soll Leute geben, die das schon mit dreizehn tun!"
„Scheiße!" Auf einmal will ich sie nur noch loswerden.
„Was, Scheiße?"
„Ach, ich ... hab total vergessen", sage ich und mache voll auf hektisch. „Ich muss noch was erledigen."

Keine fünf Minuten später bin ich am Telefon. Ist grässlich laut am anderen Ende.

„Ich versteh dich so schlecht", sagt eine Frauenstimme. „Was möchtest du?"

„Mit Kaya sprechen." Wenn sie nochmal fragt, lege ich auf. Doch da hat sie's. „Kaya! Die ist noch im Skiurlaub. Kommt morgen erst."

Ich schmeiß den Hörer aufs Bett, als hätte er die Seuche. Muss irgendwas tun. Gegen die Wand laufen? Die Welt ist ein Haufen aus Verrätern. Und jetzt auch noch Leute, die Skiurlaub machen.

Mama klopft, dass der Salat fertig ist. Mit ganz wenig Öl. Um halb acht soll ich im Eck sein. Vielleicht Kino, hat Senne gemeint. Und dann noch 'ne Runde über die Osterwiese. „Das heißt wenn du deine Sachen bis dahin erledigt hast."

Ich hab nix mehr gesagt. Nur noch am Schreibtisch gestanden und was gewühlt. Und als sie endlich weg war, unsere alten Hefte zerschnitten. Geheime Botschaften, die wir uns in der Neunten geschrieben haben, besonders als es mit Rob in die heiße Phase ging. Und Senne, diese Fotze, immer nur: „Hör auf, mach das bloß noch nicht! Gerade für Mädchen ist das erste Mal doch 'ne Riesensache."

Sieht man ja jetzt, was für 'ne Riesensache das ist. War ihr nicht mal 'ne Simse wert.

Ich lass Mama anrufen und mich krank melden. Schade, soll sie wohl gesagt haben. Die Kuh!

6.

Montag überlege ich echt, ob ich im Bett bleibe. Aber sind nicht mal mehr fünfzig Schultage bis zur Abschlussfeier. Manche haben ein Maßband, von dem sie täglich was abschneiden. Vielleicht sollte ich auch so was machen. Zum Beispiel mit Muscheln, aus denen ich am Ende ein hübsches Grab fertig hätte.
„Ein Glück, dir geht's wieder besser!" Senne glänzt wie ein Osterzopf. Benutzt sie neuerdings Make up? „Der muss ja echt plötzlich gekommen sein, dein Virus. Was ist, keinen Bock auf Schule?"
Ich zucke mit den Achseln. Kann alles heißen. Soll es auch. Ich weiß ja, dass ich falsch liege mit meiner Wut. Aber musste sie mich auf dem Gebiet auch noch überholen? Wo schon alles andere so rund bei ihr läuft?
„Übrigens, ich hab mal auf der Homepage geguckt. Bis Mittwoch ist immer vormittags Training. Aber vielleicht geht's ja zum Ende der Woche."
Jetzt tropfen die anderen rein. Kaya, lecker wie ein Milky Way, das

in der Sonne brutzelt. Was für ein Schwachsinn zu glauben, eine wie sie würde was für mich tun.

Die Weinhans kommt. Bücher raus, Abschlussthema, Scheiße.

In der Pause drücke ich mich davor, mit Senne Joghurt kaufen zu gehen. „Hey!", tippt mich jemand von hinten an. „Du hast versucht mich zu erreichen?"

Kaya. Steht da wie die Siegessäule. Ich kann nur stammeln: „Ja" und „äh" und „weißt du, letzte Woche, da hatte ich irgendwie Frust. Naja, wegen Kohle und so. Und du hattest doch mal so 'ne Idee, dass ich vielleicht bei euch in der Kneipe …"

„Ist ja komisch." Sie schüttelt langsam den Kopf. „Und ich dachte, du hast was gegen mich."

„Ich? Nö, wieso?"

Wangen werden heiß. Aber Kaya sagt, sie würde mal ihren Vater fragen.

Hinter dem Zaun wetten die Jungen, wer das nächste Tor schießt. Vale setzt einen Sixpack auf Miro, der Chef wie immer auf Le Chef und Rob auf Klasnic. „Was ist? Wollt ihr 'ne Zigarette?"

Ich seh jetzt erst, dass Senne bis auf ein paar Meter an mich ran ist. Schlabbert eine Dickmilch und ruft: „Seid ihr doof?"

Sie war Samstag noch mit Marc auf Kneipentour. Erst im Taubenschlag und danach Wraps essen. „Du musst nächstes Mal unbedingt mitkommen! Der Kevin, also Markis Freund, der flasht total. Ich mein ja nur." Sie beugt sich so komisch zu mir rüber. „Falls das mit Boro jetzt nichts wird."

Verflucht sei der Tag, an dem ich ihr davon erzählt habe!

Wenn ich anfange, in dem Buch zu lesen, werden meine Augenlider jedes Mal schwer wie Garagentore. Hab's mir über Amazon bestellt. Für Sechsachtzig. Es heißt gar nicht *Der Fall des Lutz Eigendorf*, wie Boro mal in einem Werder-Spezial angegeben hat. Es heißt *Tod dem Verräter* und es ist das ödeste Buch der Welt. Ein Profi aus der Ex-DDR, der in den Westen flieht und bald darauf von seinen eigenen Leuten kaltgemacht wird. Mann! Ich war gerade mal ein Embryo, als diese ominöse Mauer fiel. Aber so, wie sich alles immer noch um dieses merkwürdige andere Deutschland dreht, werde vielleicht ja sogar ich eines Tages begreifen, was an einer Einrichtung, die sich Staatssicherheit nannte, schlecht gewesen sein soll.
Mein Handy brummt. Eigentlich Schwachsinn, so darauf loszuhechten. Die einzigen Meldungen, die in letzter Zeit kamen, waren von Senne und t-mobile.
„Hast du das neue Magazin schon?", schreibt sie jetzt. „Süüüß! Lass uns demnächst mal zum Training."
Es ist zehn vor acht. Könnte noch zu Extra. Mama begegnet mir im Flur. Sagt aber nichts. Sie ist stocksauer, seitdem sie entdeckt hat, dass in der endgültigen Version meines Lebenslaufs unter Hobbys Chatten und MTV gucken steht. Dabei chatte ich nicht mal gern. Nur weil sonst keine Sau da ist.
Und Senne schreibt mir doch auch nur aus schlechtem Gewissen.

Trifft sich heute schon wieder mit Marc. Marc, Marc, Marc. Gibt nichts anderes mehr. Und für mich nur Glotze. Aber letztes Jahr, als zwischen ihr und dem Chef schon Schluss war und mit mir und Rob noch nicht, da durfte ich dauernd bei ihr auflaufen. Was sie denn machen solle?, hat sie gejault. Etwa mitgehen, wo der doch ewig bei uns rumhänge?

War schon damals ein blöder Job, Freundin zu sein. Aber wurde dann wenigstens nochmal gut. Weil Rob mir nur drei Wochen später den Tritt gab. Vielleicht hab ich mir den auch selbst gegeben. Dieser abartige Zustand, dass sich alle nur noch für Kaya interessierten, ich konnte das echt nicht mehr aushalten. Kaya hatte sämtliche Backstage-Infos, Kaya bekam Tickets für die Big-Point-Spiele. Einmal, als beim Rauchen wieder alle um sie herum standen, bin ich vor Wut abgehauen. Und Rob später: „Was war denn los?" – „Mann, ihr seid so blöd! Schmeißt euch dieser High-Society-Schnepfe an den Hals, als wär sie die Cousine von Beckham!"

„Wem, Kaya?" Ich weiß genau, dass er mich nicht ernst nahm, denn sein Mund zuckte wie kurz bevor einer loslacht. Doch dann winkte er ab. „Ach, hör auf. Die ist doch 'ne ganz andere Liga."

Ich hab ein paar Mal nach Luft geschnappt. Konnte nicht glauben, dass er so was sagt. Später hat er behauptet, er wüsste gar nicht, was mich so verletzt habe. Aber so blind kann doch keiner sein. Mann, 'ne andere Liga! Das war *unser* Spruch! 19. Februar 2005, vier zu eins gegen Hannover, die Begegnung, bei der wir zusammen kamen! Und jetzt hatten wir nicht mal den neunundzwanzigsten Spieltag und er hatte schon alles vergessen. „Ach, geh doch Kacke schubsen", giftete ich ihn an.

Senne war natürlich fein raus, als wir am Samstag darauf allein im Stadion standen, mindestens fünf Reihen vor den anderen. Und dann schoss Marcelinho in der Dreißigsten dieses saublöde Tor und ich wusste, wenn sie das nicht bald gedreht kriegen, dann wird das der Endstand. Wurde es auch, Rob schlurfte vom Gelände wie ein Absteiger. Kein Grund, sich nochmal so in die Arme zu fallen wie damals auf dem Domshof.

Hätten doch wenigstens Schalke oder Stuttgart an dem Tag ihre Spiele gewonnen. Dann wäre der Frust, dass man es sich selbst vermasselt hat, nicht so groß gewesen. Und Rob hätte bestimmt ein Hallo für mich gehabt.

7. Deine beste Freundin hat einen neuen Lover. Wie reagierst du?

☐ Ich falle ihr enthusiastisch um den Hals und wünsche ihr das große Glück (fünf Punkte).
☐ Ich freue mich für sie, hoffe aber, dass auch für unsere Aktivitäten noch Zeit bleibt (drei Punkte).
☐ Ich bin stocksauer, weil sie sich rücksichtslos in eine neue Beziehung stürzt und mich dabei völlig hängen lässt (null Punkte).

Eigentlich kann ich mein Kreuz gleich überall dort machen, wo hinter der Antwort eine Null steht. Ich bin eine äußerst unkollegiale Freundin und muss dringend mein Verhalten in puncto Neid und Missgunst überprüfen.

Weiß nicht, weshalb mich dieser dämliche Test so anmacht. Ich hab das Heft schon am Mittwoch gesehen, als ich kurz vor La-

denschluss noch das Werdermagazin holte. Aber da fehlten mir die nötigen Zweifünfzig und gestern der Drive nochmal rauszugehen. Ich musste mit Mama zu Gesa, meinen Ausbildungsvertrag unterschreiben. Gab schon im Vorfeld eine Menge Stress, weil sie unter anderem darauf bestand, dass ich mein Zungenpiercing herausnahm. Dabei hatte der Wella-Vertreter, der sich mit Frank vorstellte und in Gesas Teeküche herumlungerte, selbst einen Ohrring – auch noch auf rechts.
Gesa schien von dem Trubel, der in ihrem Frisierstübchen herrschte, völlig überfordert. Ihr Kopf war dermaßen am Glühen, dass man einen Dönerspieß daran hätte grillen können. Vielleicht, dachte ich, kollabiert sie ja und das Ganze hat sich ein für alle Mal erledigt. Doch dann kam sie auf die Idee, den Lackaffen von der Shampoofirma auf mich anzusetzen. Aus dem Stehgreif erteilte der mir einen Crashkurs in Sachen strapaziöse Faktoren für die Frisur. Anschließend sollte ich die von ihm gelobten Kurpackungen jeweils einem Haartyp zuordnen.
„Jetzt geh doch mal gerade", zischte Mama, als wir später aus dem Geschäft kamen. Ich hätte auf den Bürgersteig kotzen können, so schlecht war mir von der beißenden Salonluft. In etwas mehr als drei Monaten würde ich täglich sieben oder acht Stunden darin verbringen.
Habe wirklich null Punkte in dem Freundschaftstest. Muss mich also nicht wundern, dass ich allein hier auf der Bank hänge. An einer Hauswand gegenüber klebt noch ein Plakat von der Kampa-

gne, die sie im letzten April gestartet haben. Das, auf dem Boros Gesicht nur zur Hälfte abgebildet ist und er fragt, wann man Mitglied wird. Ich glaube, Kaya ist Mitglied, über ihre Eltern. Aber wer sonst noch, weiß ich nicht. Ich kenne ja nicht mal Leute aus den offiziellen Fanclubs. Obwohl die wahrscheinlich eine echte Chance wären, ihn zu treffen. All die Weihnachtsfeiern und was da sonst noch so veranstaltet wird, da sind oft Profis dabei. Aber kann natürlich auch sein, dass man am Ende mit einem Foto von sich und Jürgen L. Born nach Hause geht.

Ich hätte allein zum Stadion fahren sollen. Scheiß doch auf Senne und ihre hohlen Versprechungen. Wir waren vorhin schon auf dem Weg zur Haltestelle, da simste ihr dieser blöde Marc, er könne jetzt doch schon früher. Und Senne plötzlich wie aufgedreht: „Oh, tut mir so Leid, Mel! Und du bist wirklich nicht sauer, wenn wir das mit dem Training verschieben?" Wer, bitteschön, ist denn hier unkollegial? Müsste sie mir nicht das Geld für diesen abgefuckten Test sogar zurückgeben?

„Hi!" Mit einem Ruck plumpst jemand neben mich auf die Bank. Ich brauche Sekunden, bis ich ihren Namen habe, kenne sie eigentlich nur unter der Bezeichnung Olsen Twin. „Lily!"

„Was machst'n da, 'n Test?"

Zack! Bloß schnell die Seite zu! „Und du?"

„Will zum Flughafen."

„Deinen nächsten Urlaub buchen?"

„Nee. Da ist doch heute die job4u."

„Ich denke, du weißt, was du nach der Schule machst."
„Hm", piepst sie und zwinkert die Wolken an. Vom Leben begünstigt, fällt mir ein, da sagt sie: „Wie wär's, wenn du mitkommst?"
„Was, ich?"
Später, als wir nebeneinander in der Sechs sitzen und ich penibel darauf achte, dass der samtige Stoff ihrer Edeljacke bloß nicht auf meinen hartgewaschenen Sweater trifft, meint sie, ich sei ja wohl auch ganz schön viel allein in letzter Zeit.
„Wie kommst'n darauf?"
„Naja, ich seh dich halt öfter ohne irgendwen."
„Tss! Und was heißt das? Dass ich scheiße bin?"
„Quatsch. Aber dass die, mit denen du bisher zusammen warst, jetzt was anderes machen. Ist doch normal, die Josie hat auch gerade 'n Freund. Schwebt voll im siebten Himmel und so was. Nur für mich ist das total blöd, weißt du?"
„Echt? Erzähl!"
Lily macht neun Punkte in dem Test. Aber nur, weil sie die Klamottenfragen so positiv beantworten kann. Bist du neidisch, wenn deine Freundin eines Morgens in einer nagelneuen Replay-Vintage in die Klasse kommt?, und so weiter. Kann Lily ihr Kreuz ja wohl schlecht bei Ja machen. Wo sie und Josie sich fast alles gleichzeitig kaufen.
Die Luft in der Abflughalle riecht nach Action und wichtig. Ich seh einen Ständer mit Makrameebeuteln, die zu einem Verkaufsshop gehören. „Cool, oder?", ruft Lily, als ich zwischen den Ta-

schen stöbere. „So eine habe ich Kaya neulich auch geschenkt."
„Tatsächlich? Ihr macht euch Geschenke?"
„War Zufall. Ich hab sie in der Stadt getroffen. An ihrem Geburtstag."
Von einer Bühne weiter hinten dröhnt dumpfe Livemusik rüber. Davor jede Menge Stände, an denen Leute wie wir herumwuseln, aber auch viele ältere, in Anzügen. Lily ist schon auf Höhe der swb, da drehe ich mich noch einmal nach den Taschen um. Kein Wunder, dass Kaya nie wieder was von dieser Bedienungssache gesagt hat. Kennt Mädels, die mal eben so Neunzehnachtzig für sie ausgeben, was soll sie da mit einer wie mir?
Lily nimmt Kurs auf einen Aussteller, der nach Fitnessstudio aussieht. Das daneben scheint ein Frisör zu sein. Kriege spontanen Brechreiz. Aber Lily ist schon im Gespräch mit einer der Muckifrauen, also tue ich so, als würde mich das hier auch interessieren.
„Weiterbildungsmöglichkeiten im Frisörhandwerk", heißt es auf einer Stelltafel, vor der ich mich, ich weiß nicht wie lange, herumdrücke. „Kann ich dir vielleicht was über unseren Beruf erzählen?", fragt ein Typ, der plötzlich neben mir steht und aussieht wie Orlando Bloom.
„Ich ... also, Visagistin, vielleicht darüber."
„Ouh", stöhnt er und zieht dramatisch die Luft ein. „Das ist gerade der Renner. Aber wenn du engagiert bist ... warum nicht? Hast du denn schon 'ne Lehrstelle?"

„Ich? Nee."
„Dann solltest du's bei einem der Top-Frisöre versuchen. Da hast du die besten Chancen, nachher weiterzukommen."
„Okay", nicke ich, und denke, toll, Mama! Gesas Frisierstübchen – mein Sprungbrett in die große Welt.
Er nennt mir ein paar Adressen, an die ich mich wenden soll. Ich kenne keine einzige davon. Dann wünscht er mir viel Glück. Auch für meinen Schulabschluss im nächsten Jahr.
„Nächstes Jahr", nuschele ich ziemlich depri. „Wär'n Traum, wenn ich noch bis dahin hätte." Und Lily quasselt immer noch mit der Aerobictante.
„Was machst'n so lange mit der?", frage ich, nachdem sich die beiden zum Abschied halb in den Armen gelegen haben.
„Mich informieren! Solltest du auch tun."
„Jaja."
Ein paar Meter weiter hat sie schon was Neues. Agentur für Arbeit, ich erkenne es an dem Plakat mit meiner Freundin drauf, der mit den Camilla-Parker-Bowles-Locken. Als an einem der Desktops ein Platz frei wird, stürzt Lily sich drauf. Sucht sich ruckzuck eine Seite mit Berufsinfos heraus, die ein versteckter Drucker kurz darauf auf den Tisch spuckt.
Ich frage: „Fitnesskauffrau? Was willst du denn damit?"
„Mein Traumberuf", sagt sie. „Wenn ich Glück habe, krieg ich da sogar noch was."
„Und deine Eltern? Hast du nicht schon diesen Schulplatz?"

„Aber arbeiten gehen muss später ich, oder? Wie sollen meine Eltern da entscheiden können, womit ich bis zur Rente mein Geld verdiene?"
Vielleicht hätte ich doch etwas wacher durch die Reihen gehen sollen. Bestimmt waren auch Reisebüros dabei. Aber jetzt sind wir schon am Ausgang. Lily hält ihre Beute – eine Mappe von dem Fitnessladen und die Ausdrucke vom Arbeitsamt – mit verschränkten Armen vor dem Bauch. „Und du willst echt Frisörin werden?"
„Eigentlich nicht."
„Sondern?"
„Keine Ahnung. Du sagst doch selbst, dass man sich das gut überlegen muss."
Sie fängt an zu laufen. An der Haltestelle fährt gerade eine Sechs vor. Mir wär's lieber, wir würden uns nicht so beeilen, nach Hause zu kommen.

8.

Samstag Nachmittag. Noch eine Viertelstunde bis zum Spiel. Ich stehe halbnass in der Dusche, als Mama mich ans Telefon ruft. Kann nur Senne sein. Sie soll sich gestern schon gemeldet haben. Wollte mich zum Gucken einladen, zusammen mit diesem Marc. „Jetzt nicht!", rufe ich und mache selbst, als ich kurz danach über den Flur gehe, noch einen weiten Bogen um den Apparat. Unten dröhnt die Lüftung vom Räuchern. Ich reiße trotzdem mein Fenster auf. Hab das Gefühl, sonst ersticke ich.
Alle machen sie irgendwas. Planen ihre Zukunft, auf die sie richtig Bock haben, oder verbringen abwechslungsreiche Wochenenden. Lily wollte sogar nach Düsseldorf, ihren Vater auf eine Geschäftsreise begleiten. Als sie mir das gestern in der Bahn erzählte, dachte ich, sie würde jeden Moment fragen, ob ich Lust hätte mitzukommen. Doch dann sagte sie: „Muss mich mal wieder schlau machen. Modemäßig, weißt du?" – Klar, 'ne andere Liga.

Jetzt knattert auch noch Scholle los. Hat wieder seine schwarze Tanzhose an, der Penner. Und ist trotzdem dauernd verabredet. Ich wette, selbst wenn er in Jogginghosen herumliefe, hätte er noch seine tausend Dates. Und Senne hätte ihren Marc wahrscheinlich auch mit fünf Kilo mehr auf den Hüften kennen gelernt. Weil es nämlich gar nicht darauf ankommt, wie schön oder wie dünn jemand ist. Mich hat mal einer für die kleine Schwester von Heidi Klum gehalten, ohne Scheiß, ich hab so ein Gesicht. Aber hat mir das bisher vielleicht irgendwas eingebracht? Ich meine, ich sitze alleine hier oben, bei dem super Wetter. Ich hab einen totalen Ätzjob in Aussicht und keine Ahnung, was ich Besseres machen könnte. Und während all dem läuft Boro vermutlich in Wolfsburg gerade zur Hochform auf. Bestimmt hat er nach mir schon neben fünf anderen Mädchen auf einer Bank gesessen. Und wenn die ihre Chance jetzt geschickter nutzen als ich?

Ich weiß nicht, aber ich hab irgendwas an mir, das mich am Losgehen hindert. Ein Gewicht oder so was, schwer wie Beton. Jedenfalls zieht es mich, wann immer ich in letzter Zeit zu Hause bin, automatisch ins Bett. Und das macht mich dann noch müder.

„Ach, hier bist du!" Warum brauchen Mütter eigentlich nicht anzuklopfen? Meine fragt nicht mal, ob sie stört, kommt einfach immer näher. „Du, guck mal, ich hab hier 'ne ganz neue Lotion, mit Kreosotbusch-Extrakt. Die soll spürbar glattere Beine machen."

„Ich will überhaupt keine glatteren Beine!"

„Sag mal, fehlt dir was?"

„Verdammt, ja! Alles, wenn du so willst."

Beugt sich zu mir runter. Dreht mein Kinn zur Wand. „Was iss'n das da? 'ne Rötung?"

„Wahrscheinlich Hautkrebs."

Zieht die Hand wieder weg. Starrt mich an.

„Mama", sage ich und weiß nicht, wer von uns beiden eigentlich welche Rolle hat. „Macht doch nichts, wenn ich mal 'ne rote Stelle habe. Vielleicht hat mich da ein Vieh gestochen. Das geht doch auch wieder weg."

„Ja, klar. Du hattest nur den ganzen Winter über keinen einzigen Pickel. Da solltest du jetzt schon darauf achten, dass deine Haut so bleibt."

„Ach, Scheiße, dir ist immer nur wichtig, wie ich aussehe!"

„Wenn du dich selber nicht darum kümmerst?"

„Ich kümmer mich genauso wie alle anderen auch."

„Sieht man ja, wohin das führt. Senne hat schon einen Umfang wie ein Walross."

„Hat sie nicht! Weil sie gerade total viel abnimmt. Außerdem hat sie einen Freund, mit dem sie sich richtig spitze fühlt. Und eine Mutter, die sie in Ruhe lässt."

„Ich kann mich ja aus deinem Leben raushalten, wenn es das ist."

„Mir würd's schon reichen, wenn wir mal 'ne Zeit lang nicht übers Aussehen reden."

„Eines Tages wirst du das noch zu schätzen wissen."

„Klar. Wenn ich in einem Glaskasten sitze und alle mich bewundern. Nur ich selber bin schon lange tot, emotional, meine ich."
„Ach, du spinnst ja. Der Wella-Vertreter neulich hat auch gesagt, du hättest eine Riesenzukunft."
„Was denn, der schwule Sack?"
„Jetzt bist du ekelhaft."
„Nee, nur genervt. Weil's schon wieder um dasselbe geht. Und ändert doch nichts. Warum machst du dir nicht mal Sorgen darüber, dass deine Tochter so kontaktarm ist?"
„Was willst du denn mit Kontakten? Das kommt doch alles erst später."
„So was meine ich nicht. Die großen Beziehungen, von denen du immer redest. Ich meine Freunde oder eine Clique, irgendwie Leute, mit denen man was zu tun hat. Damit man nicht zum Außenseiter wird."
„Ach, du siehst ja Gespenster!"
Ich robbe der Länge nach übers Bett und schalte das Radio ein. Mist! Henry Vogt gibt gerade zurück ins Funkhaus.
„Übrigens", sagt Mama, schon in der Tür. „Kennst du eine Katja oder so ähnlich? Die hat vorhin angerufen, du sollst dich mal bei ihr melden. Hey, wo willst du denn hin?"
Auf einmal bin ich schneller als die Katzen unten, wenn man sie von den Fischresten wegjagt.
„Kaya!" Muss meinen eigenen Namen dreimal in den Hörer brüllen, bevor sie versteht.

„Mel! Ich hab heute mit meinem Vater gesprochen. Wenn du willst, kannst du nächsten Donnerstag hier arbeiten."

„Hallo? Bist du noch dran?"
„Ja, klar."
„Also, was meinst du, Donnerstag?"
„Okay!"
„Super. Du, ich muss weitermachen."
Ich starre auf den Hörer, als müsste er mindestens noch einen Blubb oder so was von sich geben.
„Leute, To-aa!", ruft Papa aus der Küche, da laufe ich zum Wohnzimmerfenster. Auf dem Bildschirm in der Wohnung schräg gegenüber meine ich eindeutig Boro zu erkennen. Und der Kleine in seinem Arm muss Valdez sein. Er wuschelt ihm durchs Haar, seins ist auch ganz dunkel, bestimmt vom Schweiß. Dann wieder nur Streichhölzer, die übers Grün schweben. Kann unmöglich zurück ins Bett. Raffe Jacke, Schlüssel, Geld zusammen und laufe nach unten. Als ich im Hof mein Fahrrad aufschließe, kommt Scholle raus.
„Nanu? Warst du nicht eben schon mal weg?"
„Hab noch was vergessen", sagt er und verstaut einen Beutel Zitronen in der Packtasche seines Mopeds.
„Tequilaparty?"
Wie kann ein Typ in solchen Spießerhosen nur so abgeklärt grinsen? Er setzt sich den Helm auf, streicht seinen ausgefransten

Pony zur Seite und sagt: „Nee. Wär aber 'n guter Gedanke." Dann knattert das Moped und tschüs.
Ich schaffe es noch vor dem Wiederanpfiff ins Meister-Eck. Senne entdeckt mich schon beim Reinkommen. Mag ja sein, dass der Kerl, aus dessen Fängen sie sich gerade löst, Augen hat wie Christian Schulz. Sein Haar jedenfalls trägt er wie Atze Schröder und so ähnlich zappelt er auch rum. Kicher-kicher und ein Shakehands wie aus der Tanzstunde. Ich kann nicht abstreiten, dass ich erleichtert bin, nachdem ich den Witzbold jetzt gesehen habe.
„Du kommst spät", sagt Senne, obwohl ihr natürlich was ganz anderes auf den Nägeln brennt.
„Hab's nicht früher geschafft."
Marc nickt verständnisvoll. Dann widmet er sich wieder dem Bildschirm und ich kann Senne endlich meinen Segen geben: geschmollter Mund für Wow-was-für-ein-Prachtbursche. Dazu ein langsames Auf und Ab mit dem Kopf – reicht. Sie lehnt sich zurück in seinen Arm und atmet tief.
Hab kaum einen Nerv für das Spiel. Suche den Rasen immer nur nach einem großen Blonden ab. Und dann, wenn ich ihn habe – am besten mit Hilfe der Vierundzwanzig auf seinem Rücken, denn aus der Entfernung hat Aaron Hunt verdammt ähnliche Konturen – jedenfalls sehe ich, wenn ich ihn im Blick habe, nicht seine genialen Pässe oder Freistöße, ich sehe ihn schlacksig auf einem Barhocker im Leagues Inn sitzen und mich dabei beobachten, wie ich Biere zapfe und schwere Edelstahlschubladen

aufziehe, um ihnen mit geübten Griffen Saftflaschen zu entnehmen.
Sie machen die drei Punkte. Obwohl die erste Hälfte ziemlich grottig gewesen sein soll. Senne und Marc tauschen einen Kuss, der länger dauert als ein Werbeblock auf Pro sieben. Komme mir lächerlich vor, so daneben. In der Nische, wo es zu den Klos geht, sind die Fliesen am stärksten vergilbt.
„Willst du etwa schon los?" Senne befühlt sich die Lippen wie nach einem Tigerbiss. „Wir könnten doch noch was unternehmen."
„Ja, klar!", sagt Marc. Wahrscheinlich hat sie ihm in die Seite geknufft, denn er nickt total übertrieben, ist noch viel zu high von der Knutscherei gerade.
„Warte", sagt Senne, als ich weiter meinen Kram zusammenpacke. Und mit einer Drehung an Marc: „Du hast doch noch was für Mel."
Schlägt sich albern gegen die Stirn. Versucht zwischen uns und dem Tisch rauszukommen. Senne legt ihm eine Hand auf den Arsch. Ist ja gut, Zicke, ich nehm ihn dir schon nicht weg.
Eigentlich habe ich keinen Bock, vor dem Imbiss zu warten, bis er von seinem Auto zurück ist. Aber Senne macht voll auf Konversation und was ich heute noch so vorhabe. Tss, wie wär's mit einem Cruise durch die Tanzclubs? Als er wieder auftaucht, drückt er mir eine Videokassette in die Hand.
„Was soll ich'n damit?"
„Angucken! Die Senne meint, du würdest das bestimmt gerne sehen."

Glotze skeptisch. Aber nachfragen wäre noch blöder. „Na, dann? Viel Spaß euch."
Sie krallt sich in seiner Taille fest. Er zieht Super-Schweinchenaugen. Christian Schulz hätte allen Grund beleidigt zu sein.

Muss warten, bis das Wohnzimmer frei ist. Mama geht mit ihrer Freundin ins Kino. Papa guckt Iris Berben. Als er gleichmäßig vor sich hinschnarcht, nehme ich ihm die Bierflasche aus der Hand und lege die Kassette ein. Am besten ohne Ton, wer weiß, was da drauf ist. Aber dann kommt ein altes Sportstudio. Poschmann, der labert und labert. Die Aufnahme muss aus der vorigen Saison sein, denn Rostock spielt noch in der Ersten. Unsere Niederlage gegen den VfB. Und jetzt dämmert es mir: Es ist die Sendung vom letzten April. Die, in der Boro als Gast angekündigt war, und wir gewartet haben, doch dann wurde sie auf spät nachts verschoben, weil der verdammte Papst gestorben war.
Ich hab Herzklopfen, als er ins Studio kommt. Ist so fremd in dem Anzug, wie ein Filmstar. Aber dann fängt Poschmann an blöd rumzufragen und Tim fängt an zu lächeln. Ganz weich ist sein Lächeln, und die Stimme wieder so tief. Aber auch total zahm. Lässt sich durch nichts aus der Ruhe bringen. Bleibt immer höflich, kein bisschen Großkotz. Sie zeigen sogar Fotos aus seiner Kindheit. Wie er jetzt süß über die lächelt! Mann, ist der schlau! Möchte in den Fernseher reinkriechen. Nie mehr was anderes sehen als dieses locker flockige Gute-Laune-Gesicht. Los, gleich nochmal.

Ich spule zurück zu dem Moment, als er reinkommt. Wieder und wieder. Beim vierten oder fünften Durchgang hole ich mir Zettel und Stift dazu. Kann seine Antworten inzwischen auswendig. Weiß auf die Sekunde genau, bei welcher Bemerkung seine Augen schmachtend zur Decke wandern.

Zwischendurch immer wieder die Angst, dass er zu perfekt ist. Kommt in Wellen. Aber auch das Gefühl, wir kennen uns. Ich brauche etwa fünfundzwanzig Wiederholungen, bis meine Analyse steht. Hab die beiden Sparten einfach Pro und Kontra genannt. Und total viele Einträge unter Pro:

- tiefe, braungrüne Augen
- zurückhaltend
- süße, kleine Schweißperlen um den Mund
- verlegen
- kein Angeber
- schneeweiße Zähne
- hat Humor
- Top-Haarschnitt
- sieht auch im Anzug spitze aus
- sagt nur kluge Dinge
- wird rot, als Poschmann ihn mit seinem neuen Vertrag löchert

Auf der Kontraseite, der Seite mit Punkten, die mir Sorgen machen, stehen dagegen nur zwei Einträge. Wobei ich nicht weiß, welcher von ihnen mich mehr beunruhigt: der goldene Ring an seiner rechten Hand oder die merkwürdig beigefarbenen Lackslipper.

Ist egal, ich streiche sie beide, die Positivpunkte überwiegen sowieso. Noch nie hat mich was so gefesselt wie diese Borokiste, kein erstes Verliebtsein und auch kein Beziehungsturkey. Ich wäre blöd, der Sache nicht wenigstens nachzugehen. Beim nächsten Training bin ich dabei.

Brauche jetzt dringend ein Bier. Wenn ich Gold will, muss ich schon in den Keller, im Kühlschrank ist nur noch Haake Beck. Klaue mir von Papa eine Marlboro und lasse die Kassette einfach weiterlaufen. Dann leise die Schlüssel vom Brett und nach unten. Die Luft im Hof ist mild und sogar mit Sternen.

Ich merke erst nach dem dritten oder vierten Zug, dass sich in der Ecke was bewegt. Raschelt und knackt und kommt jetzt aus dem Dunkeln. In meinem Hals verreckt ein Schrei.

„Na, eben noch eine durchziehen?", fragt eine Männerstimme.

Verfickte Kacke, Scholle! „Mensch, hast du mich erschreckt!"

„Sorry. Aber hätte ich Hallo-ich-bin's rufen sollen?"

Knie wie Strohhalme, weiter oben ist alles am Flattern.

Er legt seinen Helm auf die Erde und zieht eine Packung Gauloises aus der Tasche. Pustet laut den ersten Rauch aus. Sagt: „Geil! Endlich friert man sich nicht mehr auf jeder Fahrt den Arsch ab."

Ich muss mich erstmal berappeln. Könnte kotzen, so haut die Zigarette auf einmal rein.

„Ich glaub, ich hab dich noch nie rauchen sehen", sagt er.

„Kommt ja auch nicht oft vor."

Sein Gesicht dreht sich von stur geradeaus zu mir rum. „Nerv?"

„Wieso?"

„Weil's jetzt vorkommt."

„Häh?"

„Na, das Rauchen."

„Quatsch."

Trete meine schon mal aus. Sage: „Bist du nicht zu früh für einen Samstag Abend?"

„Pfff, früh? Also, mir reicht's."

Wer weiß, vielleicht ist seine Freundin ja erst vierzehn. Klingt ohnehin nicht nach der großen Liebe, so wie er dabei mit den Augen rollt. Ich gehe rein. „Tut mir Leid", ruft er mir hinterher.

„Was denn?"

„Na, dein Schreck eben."

„Vergiss es."

Das mit dem Bier lasse ich. Lieber gleich nach oben. Irgendwie tut er mir ja auch Leid. Riecht selbst nach einem halben Tag auswärts noch wie eine Bratfischbude on Tour.

Ich höre Papas Vor-der-Glotze-Aufwachstöhnen bereits im Flur. „Was iss'n das?", grunzt er, wahrscheinlich mit benebeltem Blick auf den Bildschirm. „Siebenundzwanzigster Spieltag? Und was macht Werder da auf Platz vier?"

9.

Schon wieder eine Woche Schule weniger. Kriege jedes Mal Katzenjammer, wenn ich nach Hause fahre, wohl auch, weil in den Pausen jetzt manchmal richtig gute Gespräche laufen. Mit Senne ja sowieso. Ist total süß, was sie in Marcs Werderarchiv für mich alles aufgetan hat. Inzwischen besitze ich sogar ein Foto von Boro, wie er ziemlich hinüber den Hauptbahnhof verlässt. Ist vor zwei Jahren gemacht worden, als sie am Tag nach dem Double aus Berlin kamen. Ich stand auch an der Absperrung, wo es zu den drei Straßenbahnen ging. Hab die Hand von Thomas Schaaf gestreift. Und von Ernst. Micoud drückte sich wie ein scheues Reh an der Hecke entlang. Und manche habe ich gar nicht so schnell identifizieren können, wie sie mit ihren Rollkoffern an uns vorbei waren. Weiß nur noch, wie unheimlich erleichtert die alle wirkten. Und so zerbrechlich. Überhaupt nicht wie die Kraftprotze, die kurz davor noch jeden vom Platz gefegt hatten, Gazellen eben.

Rob fand das Foto auch geil. Er war sowieso okay die letzten Tage, am meisten Montag, nach Englisch. Ich hatte die Scheißhausaufgabe nicht. Kein Wunder, so wie bei mir am Wochenende das Meet-your-star-Fieber ausgebrochen war. Jedenfalls hab ich mir durch das fehlende Summary ein ziemliches Pfund von Mister Murphy eingehandelt. Der meinte, inzwischen hielten es offenbar nicht mal mehr die Guten in der Klasse für nötig mitzuarbeiten. Mein Blick glitt reuevoll über die Bänke. Bis ich bemerkte, dass Rob mich schadenfroh angrinste. „Idiot!", fauchte ich nur.
Dabei wollte er mich überhaupt nicht provozieren. Wenn er gelacht habe, sagte er in der Pause, dann nur, weil er sich darüber freue, dass ich endlich auch zur Vernunft gekommen sei. Möchte wissen, was daran vernünftig ist, wenn jemand sich mitten im Endspurt die Noten versaut.
Lily brachte mir sogar was mit aus Düsseldorf. Ist nur ein Give-Away von einem Frisör, der da wohl neu aufgemacht hat, aber egal, Fakt ist, dass sie bei dem Kettchen mit der Mini-Shampooflasche dran an mich gedacht hat. Sie meinte, vielleicht helfe mir das ja bei meiner Berufswahl. Ich solle es mal auf mich wirken lassen.
Um vier muss ich im Leagues Inn sein, kellnern. Werde morgen zum Stadion fahren. Das heißt, vielleicht werde ich. Denn wer weiß, mit was für Gästen ich es heute noch zu tun kriege. Uahhh! Ich hab mich nicht getraut, Kaya direkt auf Boro anzusprechen, nur auf die Profis allgemein. Klar kämen die oft, sagte sie. Der

Hermann und der Zembski seien sogar feste Trainer bei ihren Ferienkursen. Mann, ich dachte eigentlich nicht an Rentner!
Mit kalten Schweißtropfen unter den Achseln steige ich in Woltmershausen aus dem Bus. Habe eben erst bemerkt, dass das Miss-Sixty-Lable an meinem weißen Top völlig schief sitzt. Und aus meinem Haar löst sich mit jedem Schritt eine weitere Strähne. Hab's mir hochgesteckt. Um älter zu wirken. Jetzt kann ich nur beten, dass ich vor dem Eingang zur Kneipe noch ein Klo finde.
Kaya meinte, ich müsse nach oben. Unten sei ein Laden für Fitness und so was. Sieht man schon an den Leuten, die da rauskommen. Die schleppen teilweise riesige Sportbags und lupfen sie, als wären es Kosmetiktäschchen. Die ganze Umgebung riecht dermaßen nach Kraft, dass es mir Angst macht.
Der Eingang zum Leagues Inn ist um das Gebäude rum. Eine Horde Youngsters kommt gerade die Treppe runter und haut mir fast die Glastür gegen den Schädel. Oben begrüßt mich ein durchtrainierter Barmann, der mir noch mehr Respekt einflößt als die Nike-Taschen-Schwinger aus dem Fitnessladen. Die Klos sind natürlich hinten.
Ich sage, wer ich bin. Er sagt, er sei Jens, Kayas Vater. Großer Gott, der Kerl hat weniger Falten als Andi Reinke!
Als Erstes zeigt er mir die Fußballhalle. Sieht gefährlich aus, wie die Bälle auf den Minifeldern hin- und herknallen. Das Einzige, was nervt, ist eine Fläche weiter hinten, auf der sich acht- oder neunjährige Kids herumbalgen und sich mit Fußballlehrer-Kommandos wichtig tun. Jens fragt, ob ich schon mal bedient hätte.

„Das wohl", sage ich. „Aber noch nie echte Sportler, immer nur die Fans." Da muss er lachen.

Fällt mir schwer, mich auf die Bar zu konzentrieren. Apfelsaft steht in dem Fach unten rechts, Wasser in der Lade darüber. Wo es Nachschub gibt, habe ich schon wieder vergessen. Es ist Viertel nach vier. Um halb fünf kann bereits das Training zu Ende sein. Und was, wenn er anschließend sein Feierabendbier hier trinkt?

Gerade kommen zwei weitere Fitnessgranaten zur Tür rein. Stellen ihre Tasche vor die Theke, schwingen sich auf einen Barhocker. Sie haben wie die meisten hier streichholzkurze Haare und eine knackebraune Stirn.

Ich würde Jens gerne fragen, wo Kaya ist. Aber der lehnt lässig mit einem Knie an der Theke und quatscht mit den beiden Sportlern. Ob er will, dass ich ihre Getränke mache? An der Wand hängt ein riesiges WM-Banner. Darin könnte man das komplette Meister-Eck einwickeln. Irgendwie ist hier alles zehn Nummern größer.

„Hi", sagt eine, die plötzlich neben mir steht. „Ich bin die Lynn."
Ich weiß, ich sollte auch etwas sagen, aber der Gedanke, dass ich sie schon mal gesehen habe, macht mich gerade zum Nullchecker. Lynn scheint nichts dergleichen durch den Kopf zu gehen. „Komm", sagt sie, „ich zeig dir schon mal die Kogge", und so stakse ich hinter ihr her.

Bemerke erst jetzt, dass es neben dem großen Gastraum noch einen kleineren gibt. Er ist zurecht gemacht wie das Innere eines uralten Handelsschiffs, so von oben bis unten mit dunklem Holz.

Gerade stelle ich mir vor, dass man hier eine richtig coole Party feiern könnte – das heißt wenn man die Leute danach hätte –, als plötzlich ein Haufen kreischender Drittklässler quer durch die Kneipe auf uns zuschießt.
„Ich sag in der Küche Bescheid", ruft Lynn gegen das Geblöke an. „Gibst du denen schon mal was zu trinken?"
Muss ein ziemlich belämmertes Gesicht machen, denn sie fügt lachend hinzu: „Hey, wir haben Kindergeburtstag! Was glaubst du, wofür du …" Der Rest geht unter, weil eins der Krawallküken die schwere Schiffsglocke an der Wand entdeckt hat und jetzt wollen sie alle mal. „Bim-bim!", haut es mir fast die Ohren weg. Von dem Geschubse unter dem dicken Tau fliegen zwei oder drei Geburtstagsgäste durch die Kogge wie bei Windstärke vierzehn. Ich bin noch völlig fertig von der Panik, die diese kleinen Kotzbrocken hier verbreiten, da sitzen sie bereits beinwedelnd am Tisch und hauen mit verschwitzten Pfoten auf ihn ein.
„Wo bleibt'n das Trinken?", ruft einer, dessen Angeberton mir vorhin in der Fußballhalle schon nicht gepasst hat. „Als wir auf Karims Geburtstag hier reinkamen, war alles fertig!"
„Flachwichser!", zische ich und denke, dass ich jetzt wirklich erstmal aufs Klo gehen sollte. Oder vielleicht ganz abhauen. Natürlich war es naiv anzunehmen, ich könnte gleich am ersten Tag hier meine Zukunft als Spielerfrau antreten, aber musste Kaya mich derart verarschen? Mit einer ganzen Schiffsladung quäkender Fruchtzwerge, für die ich die Nanny spielen soll?

Das Geschrei wird und wird nicht weniger. Selbst als ich schon halb zu den Toiletten bin, klirrt es noch wie ein Dutzend Kreissägen hinter mir her. „Ach, sorry", ruft Lynn, die wohl meint, ich wollte zu ihr an die Theke. „Nebenan steht auch alles, was du brauchst. In dem großen Einbauschrank. Warte, ich zeig's dir."
Eine halbe Tonne Ketchup und drei Wannen Chickennuggets später winkt selbst der verfressene Xaver ab, als ich ihm den Rest Apfelschorle aus meiner Karaffe ins Glas gießen will.
Und auch das Bim-bim ertönt nur noch schwach. Aber vielleicht bin ich ja zwischenzeitlich auch ertaubt.
„Jetzt musst du eigentlich nur noch wissen, wo der Besen hängt", sagt Lynn, nachdem sie den Tisch durch mehrmaliges Abwischen von den wesentlichen Saft- und Speiseresten befreit hat. „Damit du's beim nächsten Mal alleine packst." Dabei zwinkert sie und ich frag mich, weshalb ich nicht wenigstens zurücklächele: Weil ich definitiv weiß, dass es kein nächstes Mal gibt oder weil ich das Gefühl nicht loswerde, ihr schon mal in einem Moment begegnet zu sein, der vom Verlauf her noch übler war als das Schlachtfest heute?
„Hey, Mädels!", ruft Kaya, die sich jetzt auch endlich mal blicken lässt. Seilt ihre Tasche auf einen der Stühle ab, flüchtige Umarmung für Lynn. „Mann, bin ich geschafft!"
„Wo warst du denn?", frage ich, weil ich finde, dass mich das nach dem heutigen Nachmittag durchaus was angeht.
„Intensivkurs. Englisch. Und wie lief's hier?"

Ich sehe Lynn an. Die sagt: „Ganz schöne Widerlinge heute. Aber Mel macht das klasse."

„Echt?" Kaya braucht dringend eine Cola. Wir watscheln hinter ihr her zur Theke.

Die beiden Fitnessmänner sind natürlich nicht mehr da. Auf dem Platz des einen sitzt jetzt ein älterer Typ in gestreiftem Poloshirt und mit kräftigem Oberlippenbart und daneben Jens. Sie scheinen irgendwelche Terminpläne zu wälzen. Einmal, als von uns gerade niemand redet, höre ich sie unseren K-und-K-Sturm loben, aber wer tut das in dieser Saison nicht?

Lynn sagt, sie möchte am Samstag ums Verrecken gerne mit ihrem Freund ins Stadion.

Kaya fragt: „Mel?" Und dann, weil ich's nicht gleich raffe: „Könntest du denn?"

„Was? Nochmal Kindergeburtstag?"

„O bitte!", fleht Lynn. „Der Joe hat so ein Schwein gehabt mit den Karten."

Ich denke, was kümmern mich Typen, die Joe heißen? Aber da ruft Kayas Vater von seinem Platz neben dem Gestreiften: „Hört ihr mal? Der Dieter will gleich zu 'ner Aktion. Hat jemand von euch vielleicht Lust, da mitzufahren?"

Kaya sagt, geht nicht, sie muss noch Deutsch. Und Lynn hat irgendwas im Lagerhaus. „Was denn für 'ne Aktion?", frage ich und der Bartmensch antwortet: „Das ist heute in der Nähe von Vechta. Soviel ich weiß, ein Traditionsverein. Wär schon toll,

wenn du da helfen könntest, ein paar Sachen zu verteilen."
Ja, klar, nachmittags Kindergarten und abends womöglich die Senioren. „Nee, danke", sage ich mit eindeutiger Tendenz zu Ihr-könnt-mich-alle, da guckt er nur zum Schein beleidigt und verabschiedet sich dann schmunzelnd von Jens.
Kaya gibt mir einen Stoß in die Seite. „Mensch, wie redest'n du mit dem!"
„Wenn der glaubt, ich arbeite für jeden?"
„Spinnst du? Das ist Dieter Zembski, unser Ex-Nationalspieler!"
Ich kneife die Augen zu. Lässt sich trotzdem nicht mehr löschen, die Szene. Höre mich selber wie eine Maus fragen: „Und von was für einer Aktion war da die Rede?"
„Kennst du das nicht? Diese Hundert-Schulen-hundert-Vereine-Sache? Da fahren die immer irgendwo in die Walachei und beglücken die Fans. Manchmal mit zwei oder drei Spielern. Hey!", wendet sie sich jetzt Lynn zu, wahrscheinlich weil ich glotze wie ausgestopft. „Neulich, als Klasnic und Naldo mitfuhren, das war vielleicht heiß! Der Ivan immer mit seinem schnellen Genuschel und dann Naldo, der noch so totales Kinderdeutsch spricht, süüüß!"
Ich hab das Gefühl, in meinem Kopf platzen gleich sämtliche Ventile. „Und heute?", piepse ich jetzt noch leiser. „Wer fährt da mit?"
„Keine Ahnung. Das wissen die oft selbst erst kurz vorher. Aber vielleicht ist ja Boro mal wieder dabei. Der war schon lange nicht mehr. Du, auf Fantour mit Boro, das ist echt die Härte."

Ich dreh mich zum Ausgang, der auf einmal vor meinen Augen Karussell fährt. Begreife nur noch, dass ich so schnell wie möglich genau dort hinmuss. Schon im Laufen, höre ich ein paar Mal meinen Namen. Und auch von irgendwelchem Geld rufen sie mir noch was hinterher.

In der Parkgarage renne ich auf drei oder vier Autos zu, die gerade davonfahren. Aber eine dunkle Limousine, die mich auf eine Reise ins Glück nach Vechta mitnehmen könnte, ist einfach nicht mehr dabei.

Schlurfe irgendwann zurück in Richtung Bushaltestelle. Wünsche mir, einer der Kraftprotze, die aus dem Fitnessstudio kommen, würde mich mit seiner schweren Sporttasche k.o. hauen.

10.

Es war immer übel, wenn eine aus der Klasse näher an den Verein rankam als der Rest von uns. Letztes Jahr zum Beispiel, als Jenny mit ihrer Schwester und deren Freund nach Kaiserslautern fuhr, da hätten wir ihr am liebsten das Ticket geklaut. Und als sie montags erzählte, wie geil das gewesen sei, nach der Herzattakken-Quali, immer wieder hätten unsere Spieler da die Welle gemacht, am schlimmsten Boro und Ismaël, die konnten den Hals überhaupt nicht voll kriegen, jedenfalls sagten wir, als Jenny das erzählte, Wow! und Cool!, obwohl ich bestimmt nicht die Einzige war, bei der die Wutlampen angingen. Ich meine, so ein Triumph, da will man doch dabei sein. Vor allem, wenn du weißt, dass deine Mannschaft für jeden Scheiß zu haben ist. Auf dem Rasen haben sie herumgeblödelt, schon fertig geschniegelt in ihren feinen Anzügen, aber für Tralala mit den Fans sind sie sich nach so einem Erfolg ja nie zu schade. Vielleicht ist das überhaupt der Zauber von Werder: dass da noch Leute spielen, die nicht nur eine Maschine zum Rechnen im Kopf haben, sondern auch eine für Spaß. Und der Ismaël zieht Miro mitten im TV-Interview die Ohren lang. An dem Tag dachten wir noch, er gehöre auch zur Spaßfraktion.

Kann nicht glauben, dass Kaya so was schon exklusiv erlebt hat. Ganz relaxed neben Boro im Auto zu sitzen oder neben Klasnic und wer weiß, wem noch alles. Warum hat sie mir keinen Tipp gegeben, um was für eine Aktion es da ging? Ist doch klar, sie wollte verhindern, dass ich selbst daran teilnehme. Hab ja immer gesagt, wie mies sie ist.

„Hey, du hast das hier gestern vergessen", kommt sie in der Pause und gibt mir einen Umschlag. „Sag mal, war dir plötzlich schlecht oder was?"

Es sind fünfundzwanzig Euro und eine Notiz von ihrem Vater, dass er sich freuen würde, wenn ich mal wieder aushelfen würde.

„Übrigens, hast du Englisch?"

„Wieso? Glaubst du, nur weil ich gestern diese Rotzlöffel bei euch bedient hab, kriegst du jetzt standardmäßig meine Hausaufgaben?"

„Quatsch, ich wollte dir meine geben. Für den Fall, dass du abends nicht mehr dazu gekommen bist."

Irgendwas läuft falsch bei mir. Ein notorischer Hang zum Danebengreifen. Dabei weiß ich nicht mal, ob ich tatsächlich vom Pech verfolgt bin oder nur kein Gespür für positive Momente habe.

Kaya ist bereits halb über den Parkplatz, als ich sie endlich einhole. „Du, sag mal", stoße ich zwischen zwei Pustern hervor, „diese

Aktionen, wenn die zu ihren Fans fahren. Würdest du mir mal 'n Tipp geben, wenn wieder so was ist?"

„Warum nicht?" Sie steht da und mustert mich, während ich vor Verlegenheit halb im Asphalt versinke. Jetzt muss wenigstens noch eine Erklärung her. Ich sage: „Weißt du, ich hab nämlich noch 'n Trikot mit Borowski drauf. Das würd ich mir gern signieren lassen."

„Ach so." Ob sie aus Mitleid lächelt?

„Du kommst doch auch öfter mit dem zusammen, oder?"

„Naja. Was heißt öfter? Du, ich wollte nochmal kurz ..." Sie zeigt auf das Gelände jenseits des Zauns. Erwartet sie, dass ich mitgehe? Wenig später, als wir schon bis auf ein paar Meter an die Raucher ran sind, versuche ich es noch einmal: „Und der ist wirklich so witzig?"

„Wer?"

„Na, Boro!"

„Ja, glaub ich zumindest."

„Wieso glaubst du? Du bist doch mit dem zusammen gefahren."

„Nee." Jetzt ist ihr Lächeln eindeutig echt. Sieht richtig verträumt aus, wie sie so nach oben strahlt. Sie sagt, nicht sie, der Hajo sei da mitgefahren. Der mit ihrem Dad zusammen die Fußballanlage macht. Und der habe gemeint, Boro sei voll die Härte, so ohne Allüren und das ganze Zeug. Ein Supertyp eben. „Sag mal, hast du Zigaretten dabei?"

Ich hab nie welche. Aber ich bin drauf und dran, ihr vier Euro zu geben. Oder gleich die ganzen fünfundzwanzig.

Mister Murphy fragt, warum ich in letzter Zeit so nachlässig mit meinen Hausaufgaben bin. Ich frag mich, was ein angehender Frisörlehrling mit einer Eins in Englisch soll. Aber so fließend spreche ich nicht, um das verbal ausdrücken zu können. Deshalb stehen wir uns nur eine Weile gegenüber, beide mit einer ziemlichen Fresse, weil er wahnsinnig von mir enttäuscht ist und ich vom Leben. Kann mich nicht erinnern, dass der Lutscher, unser Klassenabwehrchef, jemals einschreiten musste, wenn ich mit einem Lehrer Stress hatte. Aber jetzt erhebt er sich und plustert sich in seiner XXL-Jacke gewaltig auf. Ob nur Erwachsene das Recht auf einen Durchhänger hätten, fragt er Mister Murphy, der sich daraufhin beleidigt an seinen Tisch verkrümelt.

„Danke", murmele ich später, da redet der Lutscher mir ins Gewissen: „Denk trotzdem nochmal darüber nach, wie der das gemeint hat. Also, wenn ich jetzt einfach so meine Mathenote hergeben sollte ..."

„Jaja", winke ich ab, denn man kann den Lutscher und seinen Arbeitseinsatz in Mathe absolut nicht mit mir vergleichen. Wenn der mal nicht den besten Test schreibt, dann ist er genauso krallig wie die Bayern, wenn ein anderer Meister wird. Deshalb spielt er ja auch permanent Champions League und ich auf den sozialen Abstiegsplätzen.

„Hey, Mel!" Das ist eindeutig die Stimme vom Chef. Hat das ganze Schuljahr über nicht mit mir geredet, jedenfalls nicht hier, und ausgerechnet heute zwingt er mir ein Gespräch auf: „War's schlimm, gestern?"

„Häh?"
„Na, das Kellnern!"
„Woher weißt'n du das?"
„Ich hab's halt erfahren." Wischt sich mit dem Zeigefinger unter der Nase lang, ein paar andere sind schon über den Parkplatz. „Und morgen?", fragt er trotzdem weiter, „machst du den Job da nochmal?"
„Sag mal, was soll'n das? Kümmer dich doch um deinen Scheiß!"
„Tu ich ja. Ich dachte nur, für dich bringt das doch ganz gut Kohle. Und die Kids morgen sollen wirklich okay sein."
„Danke. Auch für dein Interesse an meinen Finanzen. Bei Kaya kann ich mich ja direkt bedanken. Für die prima Berichterstattung."
„Sieh nicht immer alles so eng", sagt er und geht weiter.
Ich könnte mich hinschmeißen. Besonders wenn ich darüber nachdenke, dass er womöglich sogar Recht hat. Würde ich doch auch rumerzählen, wenn eine aus der Klasse sich so panne verhält wie ich mich gerade. Und ich dreh gleich einen Film daraus. Werde mal gucken, wo Senne ist. Ein bisschen Blabla über Marc und was der alles Tolles macht, ich glaube, das bringt weniger Frust als wenn ich mich noch länger über gestern und die vergebenen Bigpoints ärgere.
Auf dem Weg zur Mensa kommt mir Rob entgegen. „Siehst du?", quatsche ich ihn einfach an, schließlich will ich ja gar nicht alles so eng sehen. „Aus mir wird nochmal 'ne richtige Vernunftsbestie."

„Wovon redest'n du?"
„Na, von den Hausaufgaben! Als ich sie gestern nicht hatte, meintest du, toll, dass ich auch endlich zur Vernunft komme. Und jetzt bin ich schon wieder ohne."
„Nee", entgegnet er, offenbar schwer in Gedanken. „Da musst du was falsch kombiniert haben. Ich meinte das total anders."
In dem Moment ruft der Chef von der anderen Seite des Schulhofs. Lohnt sich natürlich kaum noch für Rob, eine zu rauchen. Aber er macht sich trotzdem auf den Weg. Und mir versichert er im Weggehen: „Erklär ich dir später."
Dann noch zwei Stunden Französisch. Da nehmen nur ein paar aus unserer Klasse teil, weil man im Vergleich zu den Pillepalle-Fächern, die damals auch zur Wahl standen, ganz schön was tun muss. Ich sitze neben Jenny, die den Kurs macht, weil sie davon träumt, eines Tages mit Micoud unter einem Dach zu wohnen, notfalls als Pflegerin seines Ferraris. Und der Lutscher hat einen Stiefvater, der aus Algerien kommt oder von irgendwo da unten, jedenfalls spricht der Typ original Französisch, was zum Üben natürlich geil ist. Kaya fällt als Einzige von uns, die wir eigentlich ganz gut mithalten, aus der Reihe. Hat schon wieder einen Vokabeltest versiebt. Der Schopps meint, wenn ihre letzte Klassenarbeit auch so ein Klopfer werde, könne er im Abschlusszeugnis wirklich kein Auge mehr zudrücken.
Gesenktes Haupt, ich frag mich, was darin wohl so abgeht. Ich hab schon ätzendere Frauen gesehen als Kaya. Schicksen, die den

Kopf nach so einer Ansage erst recht in den Nacken geworfen hätten. Sie dagegen erträgt ihre Schmach immer mit großer Fassung. Aber warum? Im Plattdeutschkurs braucht man lediglich anwesend zu sein und kriegt schon seine Eins.

Als wir rauskommen, klappern die in der Schulküche noch mit Geschirr. Weiß nicht, ob ich auf Senne warten soll. Die ganzen Tage war ich wild darauf, heute um drei zum Abschlusstraining zu fahren, aber seit gestern? Was bringt denn so ein Hallo-hier-bin-ich, wenn es andererseits Leute gibt, die sich nur ins Auto von diesem Zembski zu setzen brauchen und schon haben sie den vollen Zugriff?

„Fährste gleich nach Hause?" Es ist Kaya, die jetzt an mir vorbeischiebt, den Kopf immer noch ganz schön im Sand.

„Weiß nicht, und du?"

Zuckt mit den Achseln.

Ich sage: „Dir liegen Sprachen nicht besonders, was?" Und als sie genervt zu den Wolken schielt: „Aber warum tust du dir das mit Französisch dann an?"

„Ich brauch das, für die Oberstufe."

„Willst du Abitur machen?"

„Klar, du etwa nicht?"

„Hey, das hier ist 'ne Realschule."

„Auf der du unverschämt gut bist. Ehrlich", sagt sie und schiebt ihr Rad jetzt dicht neben meins, „wenn ich du wäre, würd ich mir echt keine Sorgen machen."

„Du spinnst ja."
„Wieso? Dir stehen doch alle Türen offen. Also, ich an deiner Stelle, ich würde so hoch springen. Und meine Eltern erst!"
Ich dreh den Blick von ihr weg auf den Asphalt. Mag nicht sehen, wie sie die Höhe, die sie angeblich erreichen würde, wenn sie ich wäre, auch noch mit dem Arm anzeigt. Oder mir vorstellen, dass es Eltern gibt, die da mitspringen. Zwei dynamische Geschäftsleute, die sich freuen, wenn ihr Kind ein bisschen was in der Birne hat und nicht nur den perfekten Anstrich.
Ich glaube, das ist es auch, was mich so abnervt. Diese beknackte Dummtusszukunft, in die meine Mutter mich da zwängt, wahrscheinlich legt die jeden kreativen Gedanken in mir, der über das Conditional drei hinausgeht, von vornherein lahm.
„Wollen wir vielleicht 'n Eis essen?", fragt Kaya.
Schon witzig, wenn das Leben, auf das man zusteuert, nicht die Bohne was mit einem selbst zu tun hat. Ich versteh auch nicht, weshalb meine Mutter mir diesen ganzen Beautyscheiß überhaupt aufdrückt. Hat sie dermaßen unter ihrer Käfertaille gelitten, dass sie durch mich jetzt den Ausgleich sucht? Oder unter dem Storchenei auf ihrer Schulter, das eigentlich eine chinesische Schlange werden sollte, nur war der Tattoomaster bei Piksen dermaßen zu, dass er immer mehr drum herum malen musste?
„Was meinst du, hast du Bock auf ein Eis?"
Ich sollte mir das aufschreiben, damit ich's nicht vergesse: Meine Mutter zwingt mich in eine Frisörlehre, um ihr eigenes Trauma zu

verarbeiten. Und die Sache mit der Schule war genauso wichtig. Was Kaya gesagt hat, dass ich eigentlich 'ne ganze Menge Möglichkeiten habe, dabei lief mir eben ein richtiger Ehrfurchtsschauer über den Rücken. Wird Zeit, dass ich ihr auch was Nettes sage.
„Und was könntest du machen?", ist das Einzige, was mir in dieser Hinsicht einfällt. „Ich meine, damit das mit deinem Abschluss klappt?"
„Naja, noch ist das Ding ja nicht verloren. Und solange es eine Restchance gibt, muss man kämpfen, oder?"
Mensch, klar! Unser Motto aus der letzten Saison! Wo ganz Bremen der Atem stockte, denn so richtig hat doch niemand daran geglaubt, dass Stuttgart und Berlin gleichzeitig patzen. Und dann ist das Wunder tatsächlich passiert. Bei der Minichance, die Werder hatte! Kann sein, dass meine Chance noch kleiner ist als mini. Aber ich wäre doch schon rein von der Mentalität her die Falsche für ihn, wenn ich es nicht wenigstens versuchte.
„Hey, wo fährst du denn jetzt hin?", fragt Kaya, als mir der Fahrtwind bereits um die Ohren weht.
„Sehen, ob ich noch 'ne Restchance habe", rufe ich zurück. „Das Eis machen wir nächstes Mal."

Wenn man an spielfreien Tagen darauf zuradelt, baut sich das Weserstadion vor einem auf wie ein riesiger, grauer Palast. Stelle mein Fahrrad lieber vorm Wuseum ab und gehe den Rest zu Fuß. Ein paar Dutzend Leute warten schon vor dem Eingang zum Treppenhaus. Ich war hier noch nie die Erste, selbst früher, wenn wir eine Dreiviertelstunde vor Trainingsbeginn ankamen, gab es schon immer welche, die vor uns da waren, als würden die Tag und Nacht hier lauern.

Ich bleibe am Rand der kleinen Gruppe. Bloß nicht den Überblick verlieren. Die Einzigen, die außer mir noch so weit von der Glastür entfernt stehen, sind zwei Kameraleute, einer vom DSF, den Sender des anderen kenne ich nicht, aber manchmal kommen ja auch Dänen und so. Von den Fans sind mehr als die Hälfte Kinder. Kleine Vorschülerinnen mit langen blonden Haaren, denen die Trikots mit Borowski und Schulz hinten drauf bis in die Kniekehlen schlabbern. Sortieren geduldig die Autogrammkarten, die sie mitgebracht haben, und kümmern sich einen Scheißdreck darum, wenn die Tür aufgeht und ein Handwerker das Gebäude verlässt oder irgendein Wichtigtuer vom Verein.

Ich hab nur das Buch dabei, *Tod dem Verräter*. Bin über das erste Kapitel kaum hinausgekommen, aber jetzt bedeutet es mir mehr als dem Papst die Bibel. Hätte ich doch eine Tasche, dann würde sich der Umschlag nicht so ekelhaft wellen. Meine Hände sind warm und glitschig wie frisch geschlüpfte Küken.

Die Menge der Wartenden muss sich inzwischen verdreifacht haben. Ich stehe längst nicht mehr außen, eher defensives Mittelfeld. Spüre meinen Puls bis in die Schläfen.

Und was, wenn ich überhaupt nicht bis zu ihm durchkomme? Oder umkippe, wenn doch?

„Hey, Mel!"
Der Schlag, der jetzt auf meinen Rücken trifft, hat was von einem Holzhammer. Erst seh ich nur trüben Asphalt, dann lauter verschwommenes Grün-Orange und schließlich Jenny, neben der ich eben noch das Passé simple geübt habe. „Was ... machst'n du hier?"
„Wieso, du bist doch auch da! Irgendwen Bestimmtes, den du treffen willst? Hey, was iss'n das für 'n Buch?"
Ich überlege, ob ich es ihr kurzfristig gebe, und sei es nur, damit es etwas abkühlt. Aber da geht mit einem Ruck die Tür auf und ein lecker geschniegelter Tim Wiese tritt unter das Vordach. Sind nur wenige Sekunden, bis eine ganze Schar von Spielern draußen ist. Mischen sich unter die Leute wie alte Bekannte, nur dass mir auf einmal von keinem mehr der Name einfällt.
„Los, komm", sagt Jenny und zieht mich mitten ins Getümmel. Gleich darauf ist sie auch schon weiter, als ob sie hinter jemandem herhechtet.
Bin wie festgemauert. Drehe mich nochmal zur Tür, aber da ist nichts, nur ein graues Trikot, direkt vor meiner Nase, und plötzlich gucke ich auch schon in seine großen, funkelnden Augen.
„Ups?" Das Einzige, was in mir noch nicht abgestürzt zu sein scheint, ist meine Hand, die ihm jetzt tapfer das Buch zeigt.
„Das kenn ich doch!", freut er sich offenbar. „Ist toll, oder?"
Dein Lieblingsbuch, möchte ich ergänzen, aber gut möglich, dass ich stottern würde, deshalb ziehe ich jetzt nur einen Stift aus meiner Jackentasche und halte ihm auch den hin.

„Wie, ich soll da reinschreiben?"
„Hjjja."
Dauert nur einen Lidschlag, wie seine Hand über eine Seite fliegt, die eben noch weiß und ansehnlich war. Schon ist es Zeit für das obligatorische Danke.
„Ciao", sagt er wie damals auf dem Sportfest, als ihn ein paar übereifrige Dünnbrettbohrer von mir weggelotst haben. Heute verlangt immerhin der Meistertrainer nach seinem Einsatz. Die halbe Mannschaft ist schon unterwegs zu den Wiesen in der Pauliner Marsch und auch Boro zeigt mir jetzt seinen erstklassig frisierten Hinterkopf. Mich trifft der Blitz, als er sich noch einmal nach mir umdreht. „Sag mal, sind wir uns nicht schon mal begegnet?"
„Ich ... hatte diesen Aufnäher", stammele ich. „Von Werder." Dabei deute ich auf meinen Oberarm in der Hoffnung, die gestickte Raute, die er damals dort entdeckt hat, würde zu meiner Unterstützung laut Hier-hier! rufen. Tut sie aber nicht und an dem Blick, mit dem er sich jetzt irritiert in Richtung Trainingsplatz dreht, sehe ich, dass ich wohl kaum etwas Dämlicheres hätte sagen können.
Die anderen Fans pilgern fröhlich hinter der Mannschaft her. Hier oben stehen nur noch die beiden Kameraleute, die ihre Ausrüstung offenbar nicht schnell genug zusammengepackt kriegen, und Jenny. Lehnt an der Hauswand, rechts vom Eingang. Als sie mich sieht, kommt sie schlurfend auf mich zu.
„So 'n Scheiß! Ich wollte mir ein Foto von ihm signieren lassen, aber er hat abgewunken. Hat bestimmt wieder 'nen Einlauf ge-

kriegt. Armer Joe. Wann kapieren die endlich, dass aus ihm niemals ein Rambo wird? Echt, wenn's nach mir ginge, dürfte der in keinen einzigen Zweikampf mehr gehen. Dieses Rackern, das ist für den doch voll unter Niveau. Mann, der soll nur die Bälle rüberstreicheln, das ist seine Kunst! Und sich um die Kleinen kümmern. Weißt du eigentlich, weshalb van Damme und damals auch der Zidan sich überhaupt hier wohl gefühlt haben? Das war sein Verdienst. Weil er mit denen redet, immer schön französisch und so, 'n richtiger Ersatzpapa ist der für die Neuen. Ach, ich wünschte, er würde mit mir mal so reden. Zu Hause schreib ich ihm gleich erstmal 'ne Mail. Und du?"

In der Ferne sprinten jetzt die ersten Grautrikots nebeneinander über die Wiese. *Uns schon mal begegnet,* hallt es wie sanfte Wellen in meinem Kopf, die Musik dazu stammt, glaube ich, von Ronan Keating.

„Hey, Mel! Ob du mehr Erfolg hattest, hab ich gefragt!"
Ich sage: „Geht so." Bloß keine voreilige Klatschpresse.
„Und bei wem?"
„Och, niemand Bestimmtes."
„Wie? Nicht mal 'n Autogramm?"
„Wozu denn?"

Das ist cool. Ich hab ein Geheimnis – ich meine, was könnte brisanter sein als eine Undercover-Beziehung zu Tim Borowski? – und verrate niemandem was. Und irgendwann, wenn mich der erste Paparazzo vom Hanse-Schnack oder einem der anderen

Kneipenblätter mit ihm zusammen ablichtet, erfahren sie's. Ich seh die Unterkiefer meiner Mitschülerinnen jetzt schon fallen.
„Warum nimmst du nicht Boro?"
„Waaas?"
„Also, wenn ich kein Micoud-Fan wäre, ich würde mir Boro als Favoriten nehmen."
„Wieso das denn?"
„Weil der total nett ist. Echt, den kann man fragen, ob er 'ne Ahnung hat, wo der Joe steckt, und er geht tatsächlich gucken. Wer macht'n das sonst?"
„Nett ist doch langweilig."
„Findest du?"
Uah, das kribbelt richtig! Je mehr ich sie auf die falsche Fährte locke. Jenny dagegen scheint um meine Werderseele ehrlich besorgt. „Oder vielleicht Hunt?", fragt sie zögernd. „Magst du den?"
„Hunt ist geil", sage ich, da hält sie sich die Wangen, als hätte ich ihr soeben eröffnet, dass ich Zwillinge von Henning Scherf erwarte. „Ich glaub's ja nicht!", ruft sie. „Unsere top gepflegte Mel steht auf Brian Adams!"

Ich rieche es schon, als ich in unsere Straße einbiege: Knofi-Sauce! Und dazu irgendwas Frittiertes. Könnte eine ganze Großküchenladung Calamares verdrücken, so sehr knurrt mir der Magen. Und dazu ein Familienglas Mayo. Bei Mamas Ökodiktatur kriege ich so was ja nur zugeteilt. Doch wer weiß, wozu das am Ende noch gut war.

Uns schon mal begegnet! Und guckt mir dabei voll in die Augen! Ich bin so hammermäßig drauf, dass ich Scholle, als er mich im Hintereingang fast umrennt, zwei Boxen Scampis abnehme und zum Anhänger seines Mopeds trage. Ist langweilig schwarz, das Ding. Und wie immer astrein sauber. Vermutlich wegen der Lebensmittel, die er damit transportiert. „Warum hast du da eigentlich keinen Werdersticker dran?", frage ich.
„Was?"
Ich glaub, ich seh ihn zum ersten Mal richtig lachen.
„Habt ihr irgendwie getrunken?"
„Muss man besoffen sein, um Werder zu mögen?"
„Keine Ahnung, muss man deswegen Aufkleber spazieren fahren?"
„Nun sag schon."
„Was denn?"
„Na, was du von denen hälst."
„Weiß nicht", nuschelt er und wird ernst. Ich denk zuerst, weil er sich auf die Plane konzentriert, die er jetzt über den Anhänger spannt. Aber er meint das auch auf Werder: „'türlich find ich die gut. Nur, wenn du richtig Fan bist, läuft das manchmal auf so 'ner Personenschiene. Dass Leute sich an einen Spieler hängen, der hier von null auf hundert gekommen ist, und in der nächsten Saison geht er zur Konkurrenz."
„Ismaël."
„Ach was, solange es noch die Bayern sind."
„Spinnst du?"

„Wieso? Das ist wenigstens 'n Topverein. Nicht solche Hochstapler wie Schalke."

„Toll, und mit jedem Jahr werden sie mächtiger. Ist doch die reinste Zweiklassengesellschaft, die Bundesliga. Und alles nur wegen der Scheißbayern."

„Ich hab ja nicht gesagt, dass ich die gut finde. Nur dass ich es irgendwie verstehe, wenn einer lieber bei denen spielt."

„In der Schule haben wir 'ne Liste mit Bayern-Hasswörtern."

„Das kenn ich. Bei uns steht gerade Allianzaffen am schwarzen Brett."

„Knochenbrecher."

„Auftragskiller."

„Hoeneß-Mafia."

„Gehst du eigentlich manchmal ins Stadion?"

„Nee, diese Saison war ich gar nicht."

„Keinen Bock?"

„Pfff ..." Soll ich ihm sagen, Beziehungsfrust? Musste mich erstmal von Rob freistrampeln und den doofen alten Zeiten? Ich find's ja auch blöd, dass wir auf einmal nur noch zwei Heimpiele haben und dann Schluss. Weil jetzt nämlich echt Eile geboten ist. Fünf-, höchstens sechsmal noch, öfter trainieren die doch nachmittags nicht mehr. Und wer weiß, wie lange er dann in Klinsis Diensten steht. Bis zur WM muss ich da unbedingt was gedreht haben. Adressen, Handynummern, irgendeinen Rahmen schaffen, der über das jämmerliche Krieg-ich-'n-Autogramm hinausgeht.

Was machen eigentlich die Spielerfrauen während so einer Meisterschaft? Ihre Partner im Fernsehen bewundern?

Scholle sagt: „In letzter Zeit hatte ich manchmal Freikarten. Durch den Laden, weißt du?" Dabei zieht er das Kinn hoch in Richtung Fischküche. „War aber immer so 'ne Sache, wen ich da mitnahm. Ich meine, es gibt genug Leute, die da rumätzen. Und wenn du dann selber nur zu Gast bist – das wird schnell mal peinlich."

Kann ich mir vorstellen. Scholle lädt seine Freundin in die Loge seines Fischlieferanten ein und die hält sich permanent die Nase zu. Ich sage: „Vielleicht wär für euch Premiere besser. Das ist geruchsneutral."

Hat tiefe Falten in der Stirn. Ganz gut, dass mein Handy gerade klingelt. Kaya. Sie sagt, ich sei vorhin ja so plötzlich abgehauen. Da habe sie ganz vergessen zu fragen, ob das jetzt morgen in Ordnung gehe.

„Morgen?", wiederhole ich, allein schon, um vor Scholle wichtig zu sein. „Bei euch arbeiten? Klar geht das!"

Wir verabreden uns für drei. Scholle guckt jetzt auch zur Uhr. Ich finde, er sollte langsam mal los. Ist ja nicht auszuhalten, was für schmackhafte Dämpfe da aus seinem Anhänger steigen. Doch er sagt: „Du arbeitest nebenbei? Wo denn?"

„Och, in so 'ner Fußball-Lounge. Kommen viele von den Profis hin."

„Ehrlich? Morgen auch?"

„Klar! Ist oft so, dass die da hinterher abfeiern."

„Komisch. Ich dachte, die haben für morgen was in Brinkum gebucht."

Wichtigtuer! Muss jetzt wirklich weg von den Meeresfrüchten. Drehe mich schon mal zum Haus, da sagt Scholle, der jetzt auch mit den Schlüsseln klimpert: „Ich hab übrigens doch einen."

„Was, einen?"

„Na, 'n Werdersticker! An dem Shirt, das ich in meinem Job trage. Das heißt, nee, ist eher so was wie 'n Aufnäher. So 'n gesticktes Teil, weißt du?" Und rängtängtäng.

Penner! Bringt mich auf was, das in meinem Peinlichkeitenspeicher schon ganz tief begraben lag. Hab ich das vorhin etwa wirklich gesagt? Ich hatte diesen Aufnäher? Von Werder? Ach was, ich hab auch gescheite Dinge zu ihm gesagt. Aber je weiter ich nach oben komme, in unsere enge Spießerwohnung, desto bewusster wird mir, dass die einzigen vernünftigen Wörter, die ich in seinem Beisein von mir gegeben habe, Ja und Danke waren.

Mama hat Krautsalat gemacht, praktisch null Öl. Einen verschrumpelten Dinkelburger packt sie erst noch in die Mikrowelle. „Du wirkst so frisch heute", sagt sie, was man von dem dampfenden Bremsklotz, den sie mir jetzt vorsetzt, nicht gerade behaupten kann. „Scheint dir gut zu tun, dass mit deinem Ausbildungsplatz endlich alles klar ist." Amen.

11.

Ich frag mich, welchen Dauerkartenbesitzer dieser Marc abgestochen hat, dass er Senne schon wieder auf einen Ostkurvenplatz einlädt. Ob ich sauer sei, meldet sie sich Samstag, wenn sie am Wochenende keine Zeit für mich habe.
„Quatsch, ist doch nichts Neues."
„Also bist du's."
„Sag mal, hast du 'n Absturz? Ich bin froh, dass ich mal meine Ruhe hab!" Da lacht sie und sagt, ich könne ja trotzdem im Eck vorbeischauen.
„Och nee, lieber nicht."
„Schade, ich dachte, wenn du kämst, also, du könntest vielleicht kurz meiner Mutter helfen, der Ralf hat nämlich auch 'ne Karte."
„Moment, versteh ich das richtig? Ich soll bei euch bedienen, weil du und dein Stiefvater beide ins Stadion wollt? Und wenn ich selber was vorhabe?"
„Wie? Hast du etwa?"

Also, so weit ist es schon. Die furzbiedere Senne, die bis vor drei Wochen nichts als Ponys und reudige Katzen im Kopf hatte, traut mir keine eigenen Aktivitäten mehr zu. Ist ja ein richtiger Segen, dass ich Kaya gestern in dem kurzen Telefonat so spontan zugesagt habe.
„Du, ich muss Schluss machen", würge ich das Gespräch jetzt ab. Natürlich will sie wissen, weshalb und ob ein Typ dahinter steckt, dass ich an einem Samstag Nachmittag keine Zeit habe. „Ach, lass dich einfach überraschen", sage ich, da schluckt sie nur und keine weiteren Fragen. Ich glaub, ich mach Geheimnisse haben zu meinem neuen Hobby.

Von der Bahn aus sieht man eigentlich überall was mit WM. Die meisten Plakate sind amtliche, von der Fifa, aber eine Menge Leute ziehen auch privat was auf. Fahnen, die sie aus ihren Fenstern heraushängen lassen, und die mir jetzt, als ich schon im Bus Richtung Woltmershausen sitze, ein hohles Gefühl im Magen machen. Bin ich ein Schwein, wenn ich mir wünsche, dass Boro sich noch die eine oder andere Muskelfaser zerrt, damit er nicht so voll ins Rampenlicht kommt? Andererseits müsste dringend mal jemand das Kopfballungeheuer Ballack von seinem Thron schubsen. Aber könnte das nicht auch ein Hässlicher machen? Und Boro bliebe eine Art Privatrakete nur für Grün-Weiß?
Muss noch an dem Endlosgelände von Minimal vorbei. Ganz vorne sehe ich schon die ersten Fitnessanbeter ihre Reisetaschen

schwingen. Irgendwie ist das seltsam: Im Vergleich zu neulich, als das Schlaffiprogramm von Viva noch meinen Tag bestimmte und das größte zu erwartende Highlight in einer Fahrradtour zu Lidl bestand, hat sich ganz schön was getan.

Schon auf der Treppe zum Leagues Inn rollt mir eine Welle aus Männergebrabbel und Fernsehlärm entgegen. Oben sitzen hundert, vielleicht auch mehr Leute vor einer riesigen Leinwand.

„Ein Glück, dass du da bist!", ruft Jens, der hinter der Theke Biere wie am Fließband zapft. Kaya bedient gerade an einem Tisch mittendrin. Sie trägt eine knöchellange Schürze in Werderorange und pustet sich eine Haarsträhne aus dem Blick, die sie natürlich ganz bewusst hat raushängen lassen. Ich wünschte, Mama könnte sie kennen lernen. Weil Kaya der beste Beweis dafür ist, dass Arbeiten in einer Kneipe einem nicht gleich den Teint verdirbt.

Die Jungen, die heute Geburtstag feiern, sind zum Knuddeln. Sitzen die ganze Zeit brav an dem langen Holztisch und verfolgen auf einem kleinen Bildschirm über der Tür das Spiel. Gegen sechs patschen sie nacheinander ihre klebrigen Hände gegen meine, das war's.

„Los, jetzt trinken wir mal was", sagt Kaya und schiebt für jede von uns einen Hocker zurecht. „Bestimmt kommen die anderen auch gleich."

„Die anderen?"

O Mann, ich hätte ein paar von den Chickennuggets essen sollen! Hab das Gefühl, mir knicken die Beine weg. Kaya muss nach hinten, eine Bestellung aufnehmen. Ich renne aufs Klo, mein Alarmgesicht checken. Scheiße, wer sind diese anderen? Und ich hab nicht mal Lipgloss dabei.

Kaya sagt, am liebsten trinkt sie Banane-Kirsch. Ich nicke nur und halte die Ohren auf Fokus zum Ausgang. Viertel nach sechs, halb sieben, die Sportschau ist schon mit den Spielen der Absteiger durch.

Und dann kommen sie rein. Übermütiges Gejohle, ich erkenne die Stimme sofort. Aber komisch, sie ist aus einem anderen Film, etwa so wie wenn man Tobey Maguire erwartet und auf der Leinwand erscheint plötzlich der Geißenpeter.

„Jens!", grölt die Stimme, als wären wir auf dem Schulhof, und endlich kann ich sie zuordnen: Sie gehört zu Rob, der mir in diesem Moment auch schon eine Hand auf den Rücken legt. „Na, alles klar?"

Die anderen zwei, mit denen er hier lauthals Einzug hält, sind Lynn und der Chef. Also, daher kam sie mir neulich so bekannt vor. Sie war das Mädchen, das damals mit ihnen an der Straßenbahn stand. Die Freundin vom Chef, die unbedingt einsteigen wollte, während ich hoffte, sie würden mich fragen, ob ich mitkomme. Konnte ich denn ahnen, dass die in Wirklichkeit schon zwei plus zwei sind? Und dass dieser Joe, mit dem sie heute zum Spiel wollte, unser Chef ist? Ich wette, sie waren an dem Nachmittag auf dem Weg hierher. Um ihr Traumquartett voll zu machen. Und Rob, dieser Mistkerl, guckt mich nur doof an.

„Sag mal, fühlst du dich nicht gut?", fragt er jetzt. „Du hast da so rote Flecke."

„Na und?" Ich schlage seine Hand weg, obwohl die mich gar nicht berührt hat. Er weicht ein Stück zurück. Soll er nur, meine Wut ist groß genug, um ihm mit seinem verfilzten Werderschal die Luft abzuschnüren. Echt, da hofft man auf ein Wunder und macht sich aus Panik vor dem, was gleich kommt, fast in die Hose und statt dessen taucht dann der Ex auf und hält einem den Spiegel vor: Ätschbätsch, jetzt schnallst du's auch endlich mal!
„Was iss'n mit dir? Du bist doch sonst nicht so keifig."
„So-o-onst", jaule ich straßenzickenmäßig, „werde ich ja auch nicht so verarscht."
„Wie? Ich soll dich verarscht haben?"
„Ach, hör doch auf!", fauche ich und es ist mir egal, dass Lynn und der Chef mit schlaffen Nanu-Fressen daneben stehen. Fühle mich nur Jens gegenüber etwas blöd. Der kann schließlich nichts dafür, dass mich die drei dermaßen hochnehmen. Spielen ihre Wir-sind-nur-in-einer-Klasse-Show und in Wirklichkeit planen sie längst die Traumhochzeit. Und wenn's das noch wäre, okay, ich könnte prima damit leben, aber die mussten ja noch weitergehen und mich hierher locken, mich, die Verflossene von Rob, die damals sang- und klanglos in die ewigen Jagdgründe geschossen wurde, und jetzt führen sie mir vor, was starke Beziehungen sind.
„Vielleicht erklärst du mir mal, was los ist?"
Ein Typ mit langen braunen Haaren kommt herein und setzt sich ein paar Meter von uns entfernt an die Theke. Ein Glück, dass Jens hier jeden persönlich begrüßt, so auch den Neuen, dem er sogar

auf die Schulter klopft, dabei ist der Kerl höchstens zwei oder drei Jahre älter als wir.

„Also?" Rob frisst mich mit den Augen halb auf. Lynn und der Chef glotzen. Soll ich ihnen jetzt sagen, was für Scheißleute sie sind, oder warten, bis Kaya dabei ist? Sie quatscht immer noch an dem Tisch, den sie gerade bedient hat. Ahnt wohl, wie wenig amused ich über soviel Verschwörung bin, und zögert den Stress hinaus. Soll sie doch, ich teile ihr auch gerne nochmal persönlich mit, dass ich ihre Heimlichtuerei zum Kotzen finde.

„Du, ich steh nicht besonders auf Ablinke", sage ich. „Das ist los!" Erwidert nix. Guckt nur wie ein Idiot. Also weiter, meine Wutflecke haben bestimmt schon das Stirnhaar erreicht: „Weißt du, dass du damals keinen Bock mehr auf mich hattest, das ist nicht das Ding, ich hatte von dir auch die Nase voll. Aber so ohne einen Hinweis abzuhauen und mich zappeln zu lassen, während deine neue Flamme schon auf dich wartet, aber bloß kein Wort darüber – lässt es lieber hier krachen, echt, ausgerechnet heute, wo ich schon denke, es läuft wieder etwas geregelter, das nenn ich Verarschung in Perfektion! Glückwunsch!"

„Ey, gibst du mir mal 'n Update? Von was für 'ner Flamme redest du da?"

„Mann, du bist ja fieser als Rudi Assauer!"

Schlackert einmal mit dem Kopf. Soll aussehen, als verstünde er nicht. „Mel", klinkt sich jetzt der Chef ein, aber ich sage: „Halt du besser den Mund! Du hast das Ganze doch überhaupt nur provoziert. Hattest doch längst keinen Bock mehr auf Senne. Da kam euch Kaya natürlich gerade Recht. Und man kann ja nicht sagen, für dich sei nichts dabei abgefallen."

Ich funkele Lynn an. Die stellt sich immer noch ahnungslos. Inzwischen guckt auch Jens zu uns rüber. Und der Lange-Haare-Typ blinzelt wie eine Dumpfbacke.

Jetzt schleicht sich die Oberzicke von hinten an. Hält das Tablett wie einen Schutzschild vor dem Bauch. „Habt ihr Krach?"

„Wir haben nur was klargestellt", sage ich, da zieht Kaya einen Schlangenhals: „Mel!"

„Lass mich bloß in Ruhe!"

„Warte mal", sagt sie und legt das Tablett an mir vorbei auf die Theke. „Ich bin gleich wieder da. Will nur kurz jemanden begrüßen."

Ich spür noch, wie sie mir mit der Hand übers Bein streicht. Dann bewegt sie sich auf die beiden Männer zu. Kurzes Achselzucken an ihren Vater. Als sie den Langhaarigen ins Visier nimmt, geht in ihrem Gesicht die Sonne auf. „Hey", haucht der nur und legt ihr einen Arm um den Arsch. Da versinkt ihre Nase auch schon in seiner Mähne.

Jens verpisst sich mit einem Smile auf den Lippen hinter die Theke. „Tja", sagt der Chef, und auch wenn ich inzwischen nur noch meine Füße sehe, ich spüre doch, wie er und Rob und auch Lynn sich jetzt wieder ganz mir zuwenden.

12.

„Mel?" Unglaublich, was für sanfte Töne Mütter anschlagen, wenn sie ahnen, dass die Lage ernst ist. „Du kannst nicht bis zum Abend da drin sitzen. Mensch, überleg mal, wie schnell deine Haut altert, in der stickigen Luft."

Wenn's doch was Adäquates für den Körper gäbe, denke ich. Ein Spray oder so, mit dem man sich einkleistert, und sobald es wirkt, hat man das Schlimmste hinter sich. Seniorenheim, Ballaballafarm, mir egal, Hauptsache, raus aus allem. Ich gehe nie wieder in die Schule, jedenfalls nicht, solange die da sind. Von den Leuten aus der jetzigen Neun kennt mich niemand. Da kann ich nach den Sommerferien rein und sagen, ich muss wiederholen, sei eben schwer krank gewesen. Und das wäre ja nicht mal gelogen. So low, wie ich mich seit gestern Abend fühle, stehe ich in den nächsten Wochen garantiert nicht wieder auf.

„Hallo?"

„Verdammt, ich geh nicht raus!"

„Eben! Deshalb bin ich ja hier."

Senne. Möchte liegen bleiben. Aber Sekunden später, als ich ihr um den Hals falle und das vertraute Curry-Pommes-Aroma meine Heulmaschine in Gang schmeißt, ist sie das Beste, was mir passieren kann.

„Und dann bist du ohne ein Wort rausgegangen?", fragt sie – bestimmt tut ihr der Arm weh, so lange, wie sie mich, neben mir auf dem Bett sitzend, schon damit umklammert. „Weshalb hast du dich nicht einfach entschuldigt?"

„Mensch, Senne, ich hab mich total zum Affen gemacht. Hab ihm vorgeworfen, wie fies er damals war. Und dem Chef gleich mit."

„Also, da hättest du mich ja auch fragen können. Ich meine, wer sagt, dass ich dem noch irgendwas übel nehme?"

„Aber so mies, wie der war? Du hast danach monatelang nur mit Tieren gesprochen. Und in dich reingestopft", füge ich leise hinzu.

„Mensch, zeig mir mal eine, der das nichts ausmacht, wenn die erste große Beziehung vorbei ist. Können wir doch heute froh drüber sein. Stell dir vor, wir würden immer noch an denen kleben."

„Wieso, was hast du denn gegen die?"

„Nichts! Sind nett. Aber voll die Bubis. Echt, wenn ich das schon höre, der Chef ewig mit seinen Sprüchen. Und von Rob kann man ja auch nicht gerade behaupten, er hätte das Taktgefühl eines Per Mertesacker."

Gefällt mir nicht, wie Senne hier die Weise spielt. Ich tu so, als ob

ich friere, da fällt ihr Arm automatisch von meinem Rücken ab.
„Hast du nachher Lust auf 'ne Runde Finnbahn? Marki kommt noch vorbei."
„Ich sag doch, ich geh nicht mehr raus."
„Na, dann?" Zuckt mit den Achseln. „Wir sehen uns ja morgen. Und vergiss das bloß."
Ich meine, man muss sich mal in Sennes Lage versetzen: Freund mit Auto, Traumausbildungsplatz im Serengeti und einen Arsch, den nun wirklich niemand mehr als fett bezeichnen kann. Eine, höchstens zwei Hosengrößen, die ich da noch drunter liege, und was hab ich ihr sonst noch voraus? Nichts mehr. Hänge in allen anderen Punkten hinterher. Dieses ganze hohle Gequatsche von wegen hübsch und dass einem da die Welt zu Füßen liegt, das ist doch ein einziger großer Irrtum.
„Ja, sag mal!", stürzt Mama nach Sennes Abgang in mein Zimmer. „Die ist ja vielleicht schlank geworden. Mit 'n bisschen Pflege könnte die 'ne richtige Schönheit sein."
„Und wenn sie das gar nicht will?"
Mama saugt die Luft durch die Zähne wie nach einem satten Schnitt in den Finger. Dann fragt sie, ob ich lieber Reiswaffeln mit zur Schule nehmen möchte oder Brot mit Tofuaufstrich.
„Nichts von beidem. Bin erstmal krank."
Wenigstens das scheint sie zu kapieren. Klopft nur noch einmal, als sie am nächsten Morgen zur Arbeit muss. „Und du willst wirklich nicht aufstehen?" Pause. „Du, Melanie? Gestern hat

Gesa noch angerufen. Ob du ihr übernächsten Dienstag helfen kannst. Bei ihrem Geschäftsjubiläum. Hörst du?"

„Jaja", grummele ich und zieh mir die Decke über den Kopf.

Irgendwann brummt mein Handy. Senne. „Mach dich nicht lächerlich", schreibt sie. „Komm endlich!"

Ich drücke die Bye-bye-Taste und werfe mich gegen die Wand. Aber kurz darauf raschelt wieder was. Schleiche aus dem Zimmer. Am Küchentisch sitzt Papa. Seine Augen genauso leer wie letztes Jahr, als sich Ismaël offen zu den Bayern bekannt hat.

„Was machst du denn noch hier?"

„Ich bin doch auf Kurzarbeit. Hab jetzt jede Woche einen Tag frei."

„Und wie lange?"

Er zuckt mit den Achseln. „Deshalb will ja Mama, dass ich selber einen Laden aufmache."

„Und was willst du?"

Es ist schlimmer als mit Ismaël. Seine Schultern hingen damals nicht halb so tief. „Weiß nicht", sagt er und versucht wacher zu gucken. „Geht's dir denn wieder besser?"

„Hm. Ich muss nur 'ne Weile abtauchen. Hab mich gestern schrecklich daneben benommen."

„Und du glaubst, das hier ist der richtige Ort, um wieder auf die Beine zu kommen?"

„Du bist doch auch da, Papa."

Pustet schwer. „Vielleicht tu ich deiner Mutter ja doch den Gefallen und rufe den Vermieter an."

„Echt? Will sie die von unten mal wieder rausekeln?"
„Nee, nee, die sollen wohl gekündigt haben."
„Was, die Fischleute? Die ziehen aus?"
„Hab so was gehört. Aber wär ja auch kein Wunder. So wie die wirtschaften, ich meine, immer diese großen Lieferungen und der Laden geht nicht besser als früher, die haben sich bestimmt übernommen."
Dann wird bei Scholle ja auch gepflegt die Post abgehen. Ich kann mir gar nicht vorstellen, irgendwann mal nach Hause zu kommen, ohne den Räuchergestank in der Nase zu haben. Aber dass Papa unten Teppichböden verkauft und die Leute rennen ihm die Bude ein, sehe ich genauso wenig.
„Nicht gerade 'ne aufstrebende Gegend, in der wir wohnen, was?", fragt er. Ich brauche nur in sein besorgtes Gesicht zu gucken, da weiß ich, dass ich raus muss.
„Du, Paps, schreibst du mir 'ne Entschuldigung? Für die ersten beiden Stunden?"
„Klar. Und wenn dir jemand blöd kommt, wegen gestern, sei einfach cool. Das nehm ich mir auch immer vor."
Mit dem Pausengong bin ich an der Schule. Rob kommt als Erster von meiner Klasse über den Parkplatz. „Siehst verpennt aus", grüßt er mich. „Oder hast du heute nur die Farbe weggelassen?"
Ich gehe weiter. Cool bleiben. „Hey!", sagt er da und zieht mich mit in seine Richtung. „So wie du mich am Samstag angefahren hast, darf ich ja wohl mal 'nen Joke machen."

Eigentlich sollen wir die Zigaretten noch nicht auf dem Schulgelände auspacken. Aber Rob zündet seine sogar schon hier an. „Ist scheiße gelaufen damals, oder? Tut mir echt Leid."
Soll ich heulen oder soll ich heulen? Hier erweist sich gerade ein ganzes Jahr Frust als sinnlos.
„Wie kamst du bloß darauf, ich sei mit Kaya zusammen?"
„So wie du von der hin und weg warst?"
„Das hast du doch nur so hoch aufgehängt, weil du selber sie nicht mochtest."
„Wieso? Ich versteh mich prima mit ihr."
„Ja, jetzt. Aber ein Jahr lang warst du voll die Zicke."
„Bist du ihr Pressesprecher oder was?"
„Nee. Nur hat ihr Vater zufällig die geilste Fußballkneipe in der ganzen Stadt. Ehrlich, Mel, wenn man da erst ein paar Spiele gesehen hat, dann kann man unmöglich wieder zurück ins Meister-Eck. Aber du musstest das ja boykottieren. War schon ätzend, wie du mich damals abserviert hast. Und nur, weil ich das Leagues Inn besser fand als den Imbiss."
„Sag mal, willst du mich zuföhnen? Du hast mich abserviert! Der Spruch kam doch eindeutig von dir!"
„Was denn für 'n Spruch?"
„Der mit der Liga, schon vergessen? Du sagtest, Kaya sei 'ne andere Liga."
„Ja, und?"
„Überleg doch mal, wo du den herhattest."

„Keine Ahnung."

„Mann, das war *unser* Spruch! Das Rückrundenspiel gegen Hannover! Wie wir zusammen im Eck saßen. Und später benutzt du den einfach für sie."

„Pfff", presst er den Rauch aus. „Ich weiß total nicht, was du meinst."

Die anderen sind jetzt auch da. Kaya und Jesko, dessen Dreadlocks schon so lang sind, dass sie ihm die Sicht versperren. Wird überhaupt immer hübscher mit seinem südländischen Touch, ein paar Mädels aus der Neun himmeln ihn an wie einen Popstar, deshalb nennen wir Jesko seit einiger Zeit auch Owo.

Der Chef fragt mich, ob ich heute wieder so gut in Fahrt bin wie am Samstag. Arschloch. Aber dann kommen sie auf das Spiel. Die legendäre Montagsanalyse. Tierisch Druck gemacht, mal wieder voll die Einbahnstraße. Richtigen One-Touch-Fußball haben sie gespielt und den Vorsprung sogar verwaltet. Nur Vale bemeckert, dass Magaths Stiefsohn sich ja wohl etwas mehr ins Zeug hätte legen können. Armer Torsten Frings! Er kann noch so brilliant sein, Vale wird es ihm wohl nie verzeihen, dass er sich vor Jahren eine Zweiundzwanzig auf sein nagelneues Trikot hat flocken lassen.

„Komm, Alter", versucht sogar der Chef ihn jetzt zu besänftigen. „Seitdem die Orange mit drin haben, sind die Klamotten doch sowieso viel geiler."

„Find ich auch", sagt Jenny. „Von mir aus könnten sie Grün-Weiß in Zukunft ganz abschaffen. Und dann nur noch Papageienlook."

Aber Kaya glaubt, das geht nicht. Weil als Vereinsfarbe irgendwie nur Grün-Weiß zählt. Jedenfalls offiziell, meint sie.

„Weiß eigentlich einer, wer damals auf das Orange gekommen ist?"

„Ich weiß nur, dass das voll knallt", sagt der Chef. „Und dass Werder damit total die Nase vorne hat. Bestimmt würde das so einigen gut tun, mal 'ne optische Verjüngung. Ich meine, guckt sie euch doch an: blau-weiß, rot-weiß, königsblau ..."

„Steinzeit!", nölen da ein paar Mädchen auf. Und Kaya: „Leute, was auch immer die anderen sich einfallen lassen, Werder hat's mal wieder vorgemacht. Und ausgerechnet dieses satte Orange, ehrlich, das lebt doch richtig."

Könnte tagelang hier stehen und ihnen lauschen und mir vorstellen, Werder sei ein riesiger Clan, zu dem wir alle dazugehören und der uns gerne hat und trägt, auch wenn wir mal Mist bauen. So wie für manche Leute die Kirche. Ist doch komisch, dass Menschen an Gott glauben, obwohl gar nicht klar ist, dass es den gibt. Ich meine, Werder ist real, oder? Und unsere Oberhäupter handeln weiser und vorausschauender als mancher Bibelheld. Ganz anders als die Strunzens und Kaenzigs, die schon an ihrer Krawatte zupfen, wenn sie nur 'ne Kamera sichten. Dem Schaaf und dem Allofs, denen ist es nie darum gegangen, möglichst oft in die Glotze zu kommen. Die wollen einfach nur das Beste für den Verein. Also, warum keine Werder-Glaubensgemeinschaft? Das Weserstadion wäre unser Wallfahrtsort, zu dem wir pilgern, wenn wir Trost brauchen oder

Antworten auf irgendwelche Fragen. Ich hab doch selbst erlebt, wie gut das funktioniert: Aus der tiefsten Scheiße habe ich mich wieder hochgerappelt, und das nur, weil ein Spieler, ein einziger Spieler, neben mir saß und mir mit seinen Worten neue Energie eingehaucht hat. Ehrlich, für ein Kaffeetrinken mit Boro würde ich zehn Audienzen beim Dalai Lama sausen lassen. Ich versteh sowieso nicht, was einer, der nicht mal 'ne Mücke tothauen darf, einem für Energie geben soll. Das Tor würde der ja selbst von der Linie aus noch verfehlen.

„Da müsst ihr Mel fragen", höre ich Jenny jetzt. „Wenn's um Hunt geht, dann ist sie die Expertin."

Ich bin noch so drin in meiner Religionstheorie, dass ich nur abgedreht lächele.

„Boa, nee!", stöhnt da der Chef. „Nicht wie der als Typ ist, Mel! Wir wollen deine Meinung über den Stürmer."

Macht Spaß, wieder dabei zu sein. Und ich hab mein Geheimnis. Ich könnte Jenny knutschen, dass sie diese Hunt-Sache so breitgetreten hat. Mein Feeling von Freitag, dieses märchenhafte *Uns schon mal begegnet,* plötzlich ist alles genauso wieder da. Muss hölle aufpassen, dass es nicht nochmal verschüttet geht. So depri, wie die Dinge gerade zu Hause laufen, kann einen das leicht runterziehen. Am besten, ich halte mich da gar nicht mehr so viel auf.

„Sag mal, wie steht's denn bei dir mit Training?", fragt Senne nach der Schule.

„Was, heute?"

„Nee, jetzt! Wenn wir uns beeilen, können wir's noch bis halb drei schaffen."

Ich stell mir einen fünfundzwanzigjährigen Profi vor, der rattenscharf aussieht und auf seiner Arbeit gerade von einem Punkt A nach B muss, wobei er durch einen Haufen grapschender Fans kommt. Was denkt so einer über eine ungeschminkte Sechzehnjährige in getürkter Closed-Jeans und einem Top von Ernsting's Family?

„Nee, so kann ich da unmöglich hin", antworte ich Senne.

„Och, komm jetzt! Von denen verlangen wir doch auch immer, dass sie offensiv spielen!"

Auf den schmalen Radwegen nach Peterswerder fährt sie Schlangenlinien. Mit etwas Glück, sagt sie, kriegt der Marc nämlich noch Tickets für Köln. „Ey, überleg mal: die vorletzte Auswärtsbegegnung und ich bin dabei! Ist dir eigentlich klar, wie wenig Zeit nur noch bleibt bis zur Sommerpause?"

„Ja-a!"

Werde mich heute zurückhalten. Nur in der Nähe stehen, während andere sich Autogramme von ihm holen. Und dann, wenn sein Blick über die Köpfe der Kids hinweggleitet, um zu checken, wie weit vorne seine Kumpels schon sind – die mit weniger Autogrammanfragen starten natürlich gleich durch zur Trainingswiese – dann streift er meine Augen, die nur auf ein Zeichen von ihm warten: Klickt es oder klickt es nicht?

Ich kriege kaum einen Fuß vor den anderen, als wir auf der Franz-Böhmert-Straße nach unten tapsen. Fünf, höchstens zehn Minuten noch, dann ist mein Schicksal besiegelt. Hätte nicht gedacht, dass einem das Herz vom bloßen Schlagen wehtun kann. Aber so ist das, wenn dein Glück in den Händen eines anderen liegt. Michael Jackson wird sich letztes Jahr vor dem Urteil der Geschworenen kaum anders gefühlt haben.

Jenny ist auch wieder da. Entdeckt uns natürlich sofort. „Na? Heute schon zu zweit?", fragt sie und Senne guckt doof.

Ich will gerade etwas zur Erklärung stammeln, da schwingt die Glastür auf und Klose mischt sich, geschmeidig wie eine Wildkatze, unter eine Schar von „Miro-Miro!"-jubelnden Fans.

„Ich hau ab", sage ich, weil ich irgendwie keine Herzklappen mehr habe, sondern Presslufthammer, die mir allmählich die Rippen zerschmettern.

„Nix da!" Jenny packt mich am Arm und schleift mich hinter sich her. Ihr Klammergriff wird immer fester, aber die Menschentraube ist auch so dicht, dass sie wahnsinnig zupacken und was beiseite schieben muss, damit wir vorankommen. „Hey, Joe!", grölt sie auf einmal. „Salü-hü!"

Ich seh gerade noch, wie Micoud mit dem Geschick einer Spitzmaus an der Mauer entlangwieselt. Schwupp ist er auch schon raus aus dem Gedränge und tänzelt die Stufen zu den Wiesen runter.

„Fuck, ey!" Sie stapft mit dem Fuß auf, ein Schmollmund wie bei Nie-wieder-Magnum-Classic. Doch da dreht sie ihr pfiffiges

Köpfchen noch einmal zum Stadion und beschließt: „Los, komm, jetzt holen wir uns wenigstens Hunt!"

In meinem Rücken spüre ich Arme und Kinderschultern, gegen die sie mich drückt. „Hallo!", brüllt sie erneut und schlägt dabei Löcher in die Luft. „Hi! Aaron!"

Hinter mir heult ein Mädchen los, das ich beinahe plattgewalzt habe. „Du, entschuldige", sage ich, nachdem es mir irgendwie gelungen ist, mich umzudrehen. Die Kleine umschlingt mit den Armen ihren Kopf und entwischt zwischen den Beinen der Erwachsenen. Aber die stehen so dicht, dass ich mich nicht mal richtig bücken kann, um zu gucken, ob sie heil hier raus kommt. Außerdem krallt mich Jenny schon wieder mit ihrem Zangengriff, dieses Mal voll in die Schulter. Ich fahre hoch und reiße genervt die Augen auf, direkt in den Blick eines mindestens ebenso genervten Aaron Hunt.

„Moment, ja?", gebietet Jenny ihm mit bremsender Geste – meine Güte, wo hat sie so schnell Block und Stift her? „Wir machen 'ne Studie, über junge Prominente in Bremen. Haben nur zwei oder drei Fragen."

Aaron guckt, als wären wir Bildschirme, über die gerade ein ätzender Techno-Clip flattert, so komplett ohne Wahrnehmung. Jenny fragt: „Dein Lieblingsplatz?"

„Gibt viele."

Sie schreibt nicht wirklich mit, kritzelt nur. „Und deine Lieblingskneipe?"

Misstrauische Augen. Er reckt sich nach seinen Vereinskollegen. Jenny, die wohl ahnt, dass das hier nicht ewig geht, sagt: „Ist doch das Stubu, oder?"

„Wofür iss'n das wichtig?"

„Ach, nur so. Falls deine weiblichen Fans dich mal treffen möchten. Oder nein, sagen wir, meine Freundin und ich ..." Scheinbar um ein Beispiel zu konstruieren, klopft sie mir jetzt auf die Schulter. „Also wir beide hier würden losziehen in der Hoffnung, dich irgendwo aufzustöbern? Wo könnte das sein und wann am besten?"

Er ist deutlich größer als wir, auch jetzt noch, während er skeptisch den Kopf einzieht und mich anstarrt. In meinen Wangen sind sämtliche Heizstäbe am Glühen.

„Ich muss weiter", sagt er, aber Jenny: „Weißt du, wir würden das für unsere Leser gerne noch etwas ausschmücken. Hast du mal irgendwie deine Adresse? Damit wir dir unseren Text dann bringen können?"

Aaron ist mindestens schon zwei Meter an uns vorbei. Ich glaube, das, was er im Weggehen noch von sich gibt, ist eindeutig ein Kopfschütteln.

Mit Fäusten, so hart wie Gesteinsbrocken, hämmert sie mir in die Taille. „Mann, hast du gesehen? Der fährt ja voll auf dich ab!"

„Hör auf, Jenny, er hat 'ne Freundin."

„Na und? Haben die doch alle." Sie steht auf Zehenspitzen und lächelt der Gruppe aus Spielern hinterher, die sich immer weiter von uns entfernt. „Ich sag dir", murmelt sie und ihr Nicken ist pure Überzeugung. „Morgen machen wir was für dich klar. Ist wieder

um dieselbe Zeit, ich hab schon auf werder.de geguckt."
Weit vorne haben die ersten Spieler jetzt die Trainingswiese erreicht. Ich sehe einen langen Blonden, der sich leichtfüßig über das Grün bewegt und dabei mit den Armen kreist.
„Da!", zeigt auch Jenny jetzt in die Richtung. „Ist der nicht wahnsinnig athletisch? Nee, warte mal." Mit einer Hand vor der Stirn blinzelt sie gegen die Aprilsonne an. „Hunt kommt ja jetzt erst auf'n Platz. Der da vorne ist nur Boro."
Um uns herum ist es leer geworden. Nur noch vereinzelt stehen Grüppchen aus zwei oder drei Frauen, die Autogrammkarten für ihre Kinder sortieren oder sich Zigaretten anzünden. Weiter hinten an der Mauer löst sich gerade jemand in schlabbrigem Trainingsdress und sprintet hinter der Karawane aus Schaulustigen her, die mit zur Wiese pilgern. Moment mal, der, der da läuft, ist eindeutig Christian Schulz! Und die, mit der er bis eben an der Hauswand gestanden hat, Senne.
Glotzt wie hypnotisiert vor sich hin. Selbst als wir schon auf Fußlänge an sie ran sind, nimmt sie uns noch nicht wahr. „Na?", fragt Jenny spitz. „Kleinen Talk mit Schulle gehabt?"
Langsam wie ein Baukran schraubt sich Sennes Gesicht jetzt in unsere Richtung. „Er hat mich gefragt, ob wir unseren Terrier noch haben."
„Und?", krächzen wir aus Geierhälsen.
„Ich hab erzählt, der ist tot. Da meinte er, schade, dann hätte ich ja jetzt niemanden mehr zum Gehen."

„Alles klar", beschließt Jenny. „Der will dich anbaggern. Ich sag dir, bis zum Wochenende hast du von dem die Telefonnummer. O Mann!", flucht sie und haut sich schallend aufs Bein. „Da steht man die ganze Saison über hier, ehrlich, seit dem letzten Sommer warte ich auf so was! Und ihr zwei kommt einfach daher und zieht euch eure Traumtypen. Ist doch voll ätzend."

Dann geht sie hoch zu den Rädern. Ich bleibe bei Senne. Die lehnt immer noch an der Mauer und guckt verstört ins Leere. „Woher weiß der überhaupt von Otto?", murmelt sie vor sich hin.

Später am Nachmittag sitzen wir an einem der beiden Blechtische vorm Meister-Eck und trinken Cola light. Wir haben alle Möglichkeiten durchgespielt, über die Schulle von der Existenz des Hundes hätte wissen können, aber ohne schlüssiges Ergebnis. Otto stammt zwar aus Bassum, nur ist er schon 1993, kurz nach dem Meistertitel und praktisch noch als Hundebaby, in Sennes Familie gekommen. Schulle kann den Köter also gar nicht in ausgewachsener Form gekannt haben. Und dass er Senne irgendwann mal mit ihm hat gehen sehen, ist genauso unwahrscheinlich. Weil sich noch nie ein Profi zu uns ins Viertel verirrt hat, bis auf die drei oder vier vielleicht, die mal vormittags beim ULF dabei waren. Außerdem hatte Otto in seinen letzten Jahren so viel Fritteusenfett angesetzt, dass sie ihn zum Kacken meist nur noch in den Hinterhof geschickt haben.

„Du, Mel?" Senne lässt nachdenklich ihre Cola im Glas schwappen. „Wenn wir da echt nochmal hinfahren, dann aber ohne Jenny, ja?"

„Ich wünschte, wir hätten sie dort nie getroffen."
„Die ist so unsensibel. Echt, wenn ich Spieler wäre und die würde mich anquatschen – vor so einer kannst du doch nur davonlaufen."
„Wohl wahr", nicke ich und das peinliche Kopfschütteln von Hunt fällt mir wieder ein. Wäre Jenny mir heute nicht dermaßen auf den Sender gegangen, wer weiß, vielleicht säße ich jetzt mit Boro in einem Nobelrestaurant und würde Entenbrustfilet an Rucolablättchen knabbern. So aber ist nur ein weiterer Tag futsch und ich muss ernsthaft darum zittern, dass ich ihn überhaupt nochmal alleine zu fassen kriege.
„Glaubst du eigentlich, der will mich verarschen?"
„Wer? Schulle? Wie kommst'n darauf?"
„Weiß nicht. Ich bin da heute echt nur aus Jokus hingefahren. Hatte nicht mal Ambitionen auf ein Autogramm oder so. Und dann kommt der auf mich zu und quatscht mich an, ganz von alleine. Ist fast wie 'ne Vorsehung. Hast du so was schon erlebt?"
„Na, hör mal! Man könnte sagen, ich hätte das Wort erfunden!"
Ihr Lächeln ist wie Himbeereis. Bin ich mies, wenn ich mir wünsche, dieser Schulle hätte sie nicht angesprochen? So reich, wie Senne im Moment vom Glück überschüttet wird, ist es gut möglich, dass sie demnächst auch noch bei Betandwin abkassiert. Anderseits hat sie seit dem Stadion kein einziges Wort mehr über Marc-Atze-Schröder verloren – wenigstens ein Trost.
„Guck mal", zeigt sie auf die andere Straßenseite, von der Rob

und der Chef jetzt auf uns zukommen. Sehen auffallend identisch aus, die beiden: Sonnenbrille, Haare im Oliver-Bierhoff-Look und weite Destroyed Jeans. Trotzdem wirkt der Chef mit seinen Bob-der-Baumeister-Gelenken neben dem zarten Robby wie ein Schweinehirte.

„Na, wenn das nicht unsere Meistermädchen sind", sagt er und klatscht im Hinsetzen die aktuelle Kicker auf den Tisch. Rob grüßt Senne, indem er einmal kurz die Augenbrauen hochzieht. Mir streicht er über den Rücken.

Der Chef fläzt sich in den Plastikstuhl, die Beine lang wie Schlagbäume. „Und?", fragt er. „Schon am Planen für das Leben danach?" Vor zwei Wochen noch hätte mich so ein Spruch halb in den Selbstmord getrieben. Jetzt aber zuckt es nur, irgendwo in der Magengegend, und ich denke, Gesa! Wenn sie und ihr beschissener Frisörsalon nicht wären, ich könnte den Gedanken an die Zukunft inzwischen ganz gut ertragen. Immerhin sitze ich mit drei Leuten hier, von denen ich bei zweien dachte, wir würden nie wieder miteinander reden. Ich habe beste Aussichten auf eine Wie-auch-immer-Beziehung zu dem geilsten Mittelfeldspieler aller Zeiten. Und unsere Straße wird bald nur noch halb so aso sein; glaub schon, dass Papa das richtig verstanden hat und die Fischleute ziehen aus.

Das Einzige, was tierisch ätzt, ist diese Ausbildung zur Frisörin. Ich will das nicht, anderen am Kopf rummachen. Und selber herumlaufen wie ein Farbtopf. Immer hübsch gestylt, dann rennen uns die Filmproduzenten schon die Bude ein. Bullshit. Ich werde Dauerwellen legen und – so wie ich Gesa kenne – Bräuten glitzernde Diademe aufstecken, darf gar nicht daran denken, was mir möglicherweise alles bevorsteht, mein Hass auf die Arme ist so schon kaum noch zu bremsen. Dabei kann sie gar nichts dafür. Kein Frisör dieser Welt kann was dafür, dass mir aus sämtlichen Poren Sprungfedern schießen, wenn ich mir das für mich selbst nur vorstelle.

„Rob, merkst du, was ich merke? Die sind nicht wirklich an einer Unterhaltung mit uns interessiert."

Senne schlackert mit dem Kopf wie ein Kind beim Einpinkeln. Muss komplett in ihren Schulz-Fantasien versunken gewesen sein.

„Wieso, was plant ihr denn?", frage ich mit Blick auf die Fußballzeitung. „Eure WM-Termine?"

„Nö", macht der Chef jetzt einen auf gelangweilt. „Ich steh ja mehr auf Verein. Nicht so auf national."

Rob beugt sich vor und zeigt auf meine Cola. Klar kann er was davon haben. „Ich glaub", sagt er und nimmt einen Schluck – der Chef hätte das Glas sicher auf ex geleert – „wenn Klinsi unsere Jungs wieder die meiste Zeit auf der Bank schmoren lässt, dann verzichte ich auch."

„O komm", sagt Senne. „Da hat sich doch schon irre was getan. Außerdem – irgendwie ist WM auch Pflicht."

„Aber nicht, wenn es nochmal so läuft wie beim Confed Cup. Da kriegt man eher Bock auf'ne Anti-Klinsmann-Kampagne."

„Für mich war der in dem Moment gestorben, als er damals das Küken brachte", sagt der Chef.

„Dann hast du also doch geguckt?"

„Klar hab ich. Ich dachte, kann ja wohl echt nicht wahr sein. Da lungert der halbe Werderkader am Spielfeldrand und der wechselt den Engelhardt ein."

„Und Boro kriegt gerade mal fünf Minuten im Halbfinale", ergänzt Rob. „Ey, wisst ihr, so viel Druck, wie der in dem Moment aushalten musste, da hätte doch jeder den Ball in die Ränge geschossen. Sogar ein Ronaldinho."

„Armer Boro", bedauert der Chef, aber das klingt schmalzig. Dabei war Boro an dem Tag wirklich das ärmste Schwein von ganz Nürnberg. Ich sehe ihn jetzt noch an der Linie stehen und auf seinen Einsatz warten; das Kaugummi musste herhalten wie ein Beißring.

„Und andere machen das Turnier ihres Leben", ärgert sich Rob. „Denk nur mal an den verrückten Deisler."

„Ich sag doch, Bayern-Lobby. Solange die da oben so dick verbandelt sind, werden unsere Leute immer nur zweite Garde sein."

„Eben. Deshalb gucke ich ja auch nur WM, wenn Boro mit im Stamm spielt."

Senne fängt an zu kichern. „Wisst ihr, was meine Mutter sagt? Die will nur gucken, wenn Jürgen Klopp wieder fürs ZDF kommentiert."

„Kann mir mal einer verraten, weshalb Mütter dermaßen auf den Klopp abfahren?"

„Meine nicht", sagt Rob. „Die steht auf Falko Götz."

„Deine Mutter guckt ja auch Traumschiff."

„Was soll'n das heißen?"

„Na, stell dir mal Klopp in so 'ner Biedermann-Serie vor. Da passen doch echt nur so Korrekte rein. Wie der Götz halt. Der würde 'n prima Ersten Offizier abgeben."
„Und Klopp?"
„Keine Ahnung! Irgendwas Wildes. So 'ne Art modernes Urvieh."
„Du meinst jemanden vom Typ Tobias Moretti", überlegt Senne, da müssen die Jungen passen. „Übrigens, habt ihr neulich gehört, was der Dünne in der Morgenshow über den gesagt hat?"
„Wen? Klopp?"
„Nee, Moretti."
Haben wir nicht.
„Der hat voll über den hergezogen. Als ob der immer noch auf dem Stand von Kommissar Rex wäre."
„Wieso? Kommissar Rex war doch geil", sagt der Chef.
„Klar, damals. Aber der Moretti hat sich seitdem total gemausert. Der ist heute 'n Wahnsinnscharakterdarsteller. Das hätte man dem Dünnen echt mal mailen sollen."
„Schwachsinn. Glaubst du, der meint das ernst, wenn er so was sagt? Mann, das ist Comedy! Der hat 'n irre subtilen Humor, der Typ."
„Und wenn schon", sage ich. „Ich mag den Humor vom Dicken lieber. Der ist immer so schön ehrlich. Kann total gut über sich selber lachen."
Fast synchron verdrehen Rob und der Chef die Augen: „Mädchen!"
„Von mir aus? Wenn Offenheit etwas ist, das nur Mädchen haben, dann bin ich gerne eins."

„Und der Dicke?", fragt Senne.

„Der ist dann auch eins", sagt der Chef und wir gackern wie die Hühner. Doch schon rappelt er sich hoch aus dem niedrigen Plastikstuhl. Hier ist seine Expertenmeinung gefragt. Dafür sortiert er jetzt sogar die unverschämt langen Beine. Sitzt auf einmal da wie Johannes-B-man-wird-ja-nochmal-fragen-dürfen und rät uns: „Seht's doch mal so: Wenn der Dicke mehr was fürs Herz ist und der Dünne für den Geist, dann is' doch kein Wunder, dass Männer sich besser mit dem Dünnen identifizieren können."

„Oahhh!"

Rob sagt: „Vom Fußball haben sie jedenfalls beide keine Ahnung."

„Stimmt", gebe ich ihm Recht. „Aber vielleicht passt das auch nicht zusammen, Unterhaltungsbranche und Sport."

„Klar passt das!", motzt der Chef. „Denk nur an Thomas Schaaf. Wenn das nicht Entertainment pur ist."

„Du meinst, seine prägnanten Sätze."

„Soll vorkommen", fängt Rob da auch schon an. „Wenn man auswärts sechs zu null gewinnt ...", sagt er und wir anderen: „... dann hat man nicht so viel falsch gemacht."

Wir haben mindestens noch zwei Dutzend weitere Zitate auf Lager. Dass man sich für seine Leistungen auch belohnen muss, zum Beispiel. Oder nur auf das eigene Spiel gucken, nicht auf die Tabelle. Rob fragt: „Wieso gibt's eigentlich kein Buch mit Schaaf-Sprüchen?"

„Wieso gibt's keine Schaaf-Buttons? Oder Schaaf-Eierbecher?"

„Nee, mal im Ernst", sagt Senne. „Wäre er nicht die ideale Besetzung für einen neuen Tatortkommissar? So 'ne Art Kultfigur aus Bremen. Auf die man richtig stolz sein kann. Die Postel ist doch voll das Muttchen."

„Dann machen wir aber Kloppo zu seinem Assistenten", schlägt der Chef vor. „Mit so 'nem leicht hyperaktiven Touch. Da kann der sich mal richtig austoben. Braucht sowieso bald 'n neuen Job."

„Senne?", ertönt in dem Moment die Stimme ihrer Mutter.

„Scheiße, ich muss noch Krautsalat machen."

Der Chef guckt jetzt auch zur Uhr. Blöd. Hat vergessen, Lynn von der Bahn abzuholen. „Alter!", klatschen die beiden Jungen da auch schon in der Luft rum. „Man sieht sich."

„Jupp! Hau rein!"

Ich hab noch nicht mal ganz meine Cola aus, da sitzen Rob und ich bereits alleine am Tisch. „Und jetzt?", fragt er. Pocht verlegen auf der Brusttasche seiner Jeansjacke rum. Aber nee, nicht schon wieder rauchen. „Hast du Bock, dass wir noch 'n Stück zusammen gehen?"

„Was?"

13.

Dienstag ist Standpaukentime. Die Hälfte kommt ohne Englisch. „Wenn ihr euch weiter so ins Zeug legt", prophezeit uns der Murphy, „dann kriegen manche von euch nicht mal den Hauptschulabschluss." Ach, mach doch den Kopf zu.

In der Pause zieht mich Senne auf den Platz mit den Bänken. Ist ein braver Ort. Wer was auf sich hält, verschwindet lieber über die Parkplätze. Aber heute will sie mir was zeigen. Und anschließend noch zum Saftladen.

Ich glaube, für mich war es besser, als Senne noch nicht in aller Öffentlichkeit Kakao trank. Oder Milchschnitten aß. Da hatte sie immer so was Unterlegenes, eine Art Dauerschuldgefühl, weil sie ja ständig Bock auf Fresskram hatte, den sie sich aber immer verbot. Mit ihrer Überhaupt-nicht-mehr-dick-Figur ist sie jetzt die Sicherheit selbst. Fühlt sich auch gut, das sieht man daran, wie sie sich manchmal räkelt und beim Hand-wieder-runter-nehmen über ihren Bauch streicht.

Ich weiß immer noch nicht, wodurch sie so viel abgenommen hat. Aber ich werd mich hüten, sie ein weiteres Mal danach zu fragen. Weil sie nämlich einmal so blöde dabei gegrinst hat, so auf halb top secret und halb versaut, als wollte sie sagen: Kannst du dir das denn nicht denken? Also, ehrlich gesagt, nee, kann ich nicht, denn wenn es das ist, was ich befürchte, nämlich dass sie jetzt jemanden hat, mit dem sie es regelmäßig treibt, dann müssten ja andere, die schon immer dünn waren, als Gerippe durch die Welt laufen, wenn es mal so weit ist. Kaya zum Beispiel, deren Freund sieht nun echt reif aus und auch viel besser als Marc-Atze. Bestimmt haben die beiden seit langem Sex miteinander, doch an ihrer Figur hat sich im ganzen letzten Jahr nichts verändert. Oder sollte sie etwa schon vorher, als sie noch gar nicht in unsere Klasse ging... Meine Fresse, da war sie fünfzehn! Mal angenommen, es dauert ein halbes Jahr, bis sich das Körpergewicht eines Mädchens von Ich-habe-noch-keinen-Sex auf Ich-treibe-es-regelmäßig umstellt, dann müsste Kaya schon mit vierzehn entjungfert worden sein. Ich bin sechzehn! Und habe noch null Planung, ob und wann das in nächster Zeit mal vonstatten gehen könnte. Hab's ja auch ewig schleifen lassen, ein ganzes Jahr lang Frust schieben, und das eigentlich wegen nichts, ich muss verdammt aufpassen, dass am Ende nicht ich das Küken bin, sozusagen der Engelhardt unserer Klasse.

„Guck mal, wie findste den?", fragt Senne und friemelt etwas Rundes aus einer Papierhülle. Hilfe, zeigt sie mir jetzt schon ihre Präser? Doch es ist was Haariges, besser gesagt, etwas mit Federn.

Ein Traumfänger, wie ich nach einigem nervösen Augenflimmern erkenne, der Ring sauber mit weißem Häkelgarn umspannt und alles, was baumelt, in Werdergrün.
„Ist ja süß", sage ich. Kann natürlich auch sein, dass ich auf die in der Klasse noch gar nicht so unterentwickelt wirke. Weil die ja alle auch mit sich selbst beschäftigt sind. Ich muss mich eben ranhalten. Das ganze versäumte Zeug nachholen. Verdammt, ich muss so viel, wenn ich am Ball bleiben will! Vor allem muss ich ganz schnell eine Lösung für Jenny finden. Was könnte es geben, das dieses aufdringliche Monster in nächster Zeit davon abhält, zum Weserstadion zu fahren?
„Also ehrlich, dafür dass ich die halbe Nacht an dem Ding rumgemacht hab, hält sich deine Begeisterung ganz schön in Grenzen."
„Nee, der ist wirklich toll. Bestimmt für Marc, oder?"
„Hm", brummt sie nur. Also hat er gestern nicht mehr angerufen. Was Senne aber kaum zu stören scheint. Sie lässt den Traumfänger im Wind baumeln und sagt: „Ich dachte, wir könnten die nächsten Tage mal wieder zum Stadion."
„Du hast ihn für Schulle gemacht!", rufe ich entsetzt, doch sie lächelt: „Wenn du willst, mach ich dir auch einen. Kannst du dann Boro schenken."
„Och nee." Werd doch nicht zugeben, dass ich mir schon das Hirn darüber zermartert habe, was ich ihm nächste Woche zu seinem Geburtstag geben könnte. So wie Senne, die Glücksfee, im Moment überall abräumt, kann es gut sein, dass sie eher zu Schulz ins

Auto steigt als ich Boro meine Telefonnummer zugeschanzt habe. Und dann müsste ich schon wieder sagen: Was, echt?, und: Wie toll für dich! Und selber wär ich ein weiteres Mal die Gearschte: null Bewegung in meinem Sozialleben, grottige Berufsaussichten und immer noch Jungfrau.
„Guck mal, meint der dich?"
„Wer?"
„Na, Rob! Der winkt die ganze Zeit."
„Ach so, ich hab ihm gestern noch Geld für Zigaretten geliehen. Vielleicht will er mir das zurückgeben."
„Aber der hatte doch noch ganz viele. Wie lange warst'n mit dem zusammen? Mel!"
„Wir sind halt spazieren gegangen. Haben geredet."
In Wirklichkeit haben Rob und ich uns prima darüber ausgelassen, wie ätzend es ist, wenn der beste Freund/die beste Freundin auf einmal nichts anderes mehr im Kopf hat als dieses ewige Du-da-bin-ich-schon-verabredet-Gequatsche. Offenbar geht es Rob mit dem Chef genauso wie mir mit Senne. Er hat ständig das Gefühl, neben dem ein armes Singlewürstchen zu sein. Weil der Chef natürlich viel mit Lynn macht und Rob das wohl auch jedes Mal unter die Nase reibt. Überhaupt soll er im Moment ziemlich dick auftragen. Hat ja auch diesen geilen Ausbildungsplatz in der Firma seines Onkels, während Rob bei der Lehrstellensuche nichts als Absagen kassiert hat. Er macht jetzt noch ein Jahr Berufsfachschulklasse in der Hoffnung, dass es dann was wird mit seinem

Traumberuf. Mediengestalter für Digital- und Printmedien. „Ehrlich", sagte er, wir hatten uns gerade auf eine Bank im Park gesetzt. „Als die Absage vom Weser-Kurier kam, da dachte ich zuerst, die Welt geht unter. Aber der Ausbilder dort meinte, nach dem Jahr Schule hätte ich echt bessere Chancen."

Ich sagte, dass er damit schon weiter sei als ich. Weil er ein konkretes Ziel habe und ich nur eine Verlegenheitslösung. Und die habe noch nicht mal was mit mir zu tun, nur mit meiner Mutter, die glaube, sie könne eine zweite Paris Hilton aus mir machen.

„Das' ja 'ne Strafe", meinte Rob. „So beschissen wie die aussieht, die steckst du doch locker in den Sack."

„Spinner!", hab ich gelacht und ihn voll mit der Schulter angebufft. Er ruderte mit den Armen wie jemand, der kurz darauf ins Wasser fällt. Dann haben wir beide eine geraucht und Rob meinte: „Wahrscheinlich halten die sich für was Besseres, weil sie ihre tollen Jobs haben. Aber ist das so genial, wenn Senne demnächst als Tierpflegerin arbeitet und fetten Zebras den Arsch putzt?"

„Nee, das kommt auch, weil sie beziehungsmäßig so fest im Sattel sitzen. Leute, die einen Freund haben oder 'ne Freundin, die fühlen sich automatisch auf 'nem höheren Level."

„Also, ich weiß ja nicht, wie es dir geht", sagte er und fuhr sich mit dem Zeigefinger ein paar Mal unter der Nase entlang. „Aber der Chef labert im Moment unheimlich viel vom ... ja, halt vom Vögeln. Echt, das nervt total."

„Was?"

„Ja! Der redet mit mir wie mit 'nem Blödmann. Dabei sind das gerade mal, naja, wie lange ist der jetzt mit Lynn zusammen? Ein paar Monate höchstens. Ich meine, früher oder später macht jeder mal diese Supererfahrungen, die er gerade macht, oder? Muss er mir doch nicht alles haarklein vorsetzen."
Ich versuchte, meine Hand mit der Zigarette so ruhig wie möglich zum Mund zu bringen. Aber bestimmt hat er gemerkt, wie sehr ich auf einmal durch den Wind war. Rob hat nie so offen mit mir gesprochen. Ich wusste ja bis eben nicht mal, dass er noch Jungfrau ist. Hab mir über ein Jahr lang die Birne zerfressen, was er und der Chef wohl mit Mädchen machen, was wir damals nicht miteinander gemacht haben, und jetzt? Sitzt neben mir und redet, als wäre ich der einzige Mensch auf der Welt, der das hier verstehen kann. Und vielleicht bin ich das ja auch. Ich kann seine Gedanken hundertpro nachvollziehen. Nur, dass er sie mir überhaupt mitteilt, das ist es doch, was reinhaut!
„Manchmal ist er ein richtiges Arschloch", sagte Rob und blies verächtlich den Rauch aus. „Tut so, als wär er der große Macker und ich hätte total die Zeit verpennt."
„Ausgerechnet der Chef!", sagte ich und schnaufte ziemlich überdreht. „Wo der sich damals ganz schön zum Affen gemacht hat."
„Du meinst, weil Senne ihn nicht ranlassen wollte?"
Mein Kopf fuhr zu ihm herum. Schätze, meine Panik war noch größer als der Schreck, den ich auf einmal in seinen Augen sah. Schnell, den Blick wieder runter auf den Asphalt. Es würde Mi-

nuten dauern, bis sich mein Gesicht abgekühlt hatte. Aber er sagte auch lange nichts. Wir saßen einfach nur da und guckten vor uns hin. Peinlichkeiten, die auf einmal zur Sprache gekommen waren? – Nee. – Irgendwas anderes von damals, das man besser in der Versenkung gelassen hätte? – Eigentlich auch nicht. Der Chef war immer der mit der großen Klappe gewesen, nie Rob. Deshalb hatte es zwischen uns auch nicht dieses Wann-denn-nun-endlich-Gerangel gegeben. Ich glaube sogar, dass Rob die Sache mit dem ersten Mal genauso entspannt gesehen hat wie ich. Irgendwann würde es schon passieren. Und es war sonnenklar, dass es mit niemand anderem sein würde als mit ihm.

Kaum zu fassen, wie wir jetzt Löcher in den Weg starrten und uns über Leute ärgerten, die uns damit aufzogen, dass sie wussten, was nach den mitternächtlichen Abtastorgien kam und wir nicht. Bestimmt dachte Rob dasselbe wie ich: Wir hätten es damals tun sollen.

Senne hat den Traumfänger inzwischen wieder eingewickelt. „Kann mir gar nicht vorstellen, dass es mit einem wie Rob viel zu reden gäbe", sagt sie.

„Wieso glaubst du eigentlich immer, dein Marc ist so 'ne Riesennummer, an dem kein anderer klingeln kann?"

„Tu ich doch gar nicht! Aber dass zwischen ihm und unseren beiden Verflossenen ein gewisser Unterschied besteht, da wirst du mir doch Recht geben. Jemand, der achtzehn ist, den kann man echt nicht mit solchen Schuljungen vergleichen."

„Wieso? Ich hab nichts gegen Schule."
„Nee, klar. Aber Rob und der Chef, Mann, das war, als wir selber noch Kinder waren."
„Und jetzt sind wir Greise oder was?"
„Quatsch. Aber Mädchen sind in diesen Dingen nun mal früher erwachsen als Jungen. Und deshalb brauchen wir auch Typen, die einfach mehr Ahnung vom Leben haben."
„Ich glaub, ich brauch erstmal mein Geld zurück. Wolltest du dir nicht Kakao holen?"

Zum Training kann ich erst am Freitag. Weil sonst immer nur vormittags ist. Wär natürlich möglich, einen der nächsten Tage zu schwänzen. Aber ich weiß nicht, wann Papa diese Woche zu Hause bleibt und ihn danach fragen, trau ich mich nicht. Das macht Mama schon immer bis zum Abwinken. Ewig löchert sie ihn, wie er die viele Zeit, die ihm durch seine jämmerlichen vierundzwanzig Wochenarbeitsstunden jetzt zur Verfügung steht, sinnvoll zu nutzen gedenkt. Worauf er meistens sagt, ihm sei die Situation auch nicht recht, aber immerhin behalte er durch die Kurzarbeit seinen Arbeitsplatz. „Schöner Arbeitsplatz, bei dem man den halben Tag dasitzt und Kaffee trinkt", wirft sie ihm dann vor. „Wenn ich bei Lestra auch so eine Karriere hingelegt hätte wie du als Teppichverkäufer, dann könntest du dir Mallorca in diesem Jahr getrost abschminken." – „Denkst du wirklich, das würde mir was ausmachen?"

Ich glaube, wenn ich drei Wünsche frei hätte, dann würde ich – mal abgesehen von der Sache mit Boro, die steht natürlich über allem – aber bei drei freien Wünschen wäre meine Rangliste folgende: Ich bekäme kostenlos den Platz an der Sprachenschule, zu der Lily, unser Olsen Twin, gehen soll, aber nicht will, weil sie lieber in einem Fitnessstudio arbeiten würde. Mein Dad wäre Geschäftsführer bei Tep & Tap und dabei so erfolgreich und selbstbewusst, dass er sich Mamas Attacken einfach nicht mehr bieten ließe. Und Rob wäre meine beste Freundin, mit der ich nicht nur über dauerfickende Mitschüler herziehen könnte, sondern auch einen Plan austüfteln, wie ich am besten zu einem Gespräch mit Boro käme. Und zwar alleine. Ohne den ganzen Rattenschwanz aus Jennys und Sennes oder wer da sonst noch alles am Stadion abhängt.

Gestern Abend hat er mir noch zweimal was getickert. Wollte wissen, ob es stimmt, dass Hunt kurz davor war, sich mit mir zu verabreden. Ich schrieb zurück, Jenny habe da maßlos übertrieben. Profis anquatschen, das sei für sie wie ein Sport, nur dass die Betroffenen da leider nicht die Bohne drauf abführen. „Aber er hat dich doch ewig lange angesehen, oder?", fragte Rob in seiner zweiten Simse. Soll ich ihm sagen, was wirklich ist? Seit gestern scheint er mir vertrauenswürdiger als Miss-ich-bin-ja-so-erwachsen-Senne. Nur, wie reagiert ein Freund-Freund, wenn man ihm erzählt, man hätte begründete Aussichten auf ein Date mit Tim Borowski? Ich meine, Rob war schließlich nicht dabei, als Boro mir diesen Blick zuwarf. Und dazu sein traumhaftes *Uns schon mal begegnet …*

„Melanie, bringst du jetzt endlich den Müll runter?"
„Ja, Mama."
Im Hof treffe ich Scholle. Hat ein paar Kartons auf seinen Mopedanhänger geladen und spannt jetzt die Plane drüber.
„Dann stimmt es also?", frage ich taktvoll. „Ihr zieht weg?"
Vergräbt seine Hände in den Taschen und nickt.
„Und das Geschäft?" Ich glaub's nicht, dass ich mich nach dem Fischladen erkundige!
„Ach, das rentiert sich schon lange nicht mehr. Ist wahrscheinlich sinnvoller, es aufzugeben."
„Ja, wahrscheinlich." Auf einmal komme ich mir ihm gegenüber wie ein Schwein vor. Ich meine, er wurde damals bereits aus der Klasse rausgeekelt, ohne dass jemand für ihn da war, und jetzt muss er auch noch hier das Feld räumen. Dabei ist das weiß Gott schon low genug. Wo kann man hinziehen, um noch schlechter zu wohnen? „Sag mal, wo lebt ihr denn dann? In Gröpelingen?"
„Nee, Schwachhausen."
„Ach so." Wusste gar nicht, dass es dort Sozialwohnungen gibt. Aber ist ja jetzt auch egal. Scholle sagt, er habe meinen Vater in letzter Zeit öfter zu Hause gesehen. „Hat der etwa auch seinen Job verloren?"
„M-m, ist nur auf Kurzarbeit", verneine ich knapp, da hat er auch noch die Größe und atmet mitfühlend auf.
Eigentlich ist Scholle ein feiner Kerl. Sieht sogar richtig knackig aus, wenn er Jeans trägt und nicht diese doofen Spießerhosen.

Und er ist schlau. Von den Jungen in der Klasse war er damals einer der Besten. Hat nur immer zu schnell losgeheult, wenn sie ihn aufzogen. Am Ende genügte es, dass der Chef einmal mit dem Mund schnappte, dann verkroch sich Scholle für den Rest des Vormittags im Jungenklo.

„Sag mal, hast du denn wenigstens 'n Ausbildungsplatz oder so was?"

„Nee, ich mach erst noch die Sek zwei."

„Wie? Abitur? Du gehst aufs Gymnasium?"

„Ich bin doch damals nach Horn gewechselt. Nach der Sechsten."

„Wusste ich ja gar nicht."

Er zuckt mit den Achseln und lächelt. Soll wohl heißen, ist nicht so schlimm, dass ich mir vier Jahre lang keinen Kopp darum gemacht habe, wo mein Nachbar und früherer Mitschüler einst abgeblieben ist. Mann, ich bin aber auch eine Kuh! Versuche es wenigstens jetzt gut zu machen, indem ich schnell den Müll zur Tonne bringe und mich dann in aller Form von ihm verabschiede: „Ich wünsch dir jedenfalls viel Glück."

„Danke", sagt er. „Aber wir sehen uns bestimmt noch. Der Umzug ist ja erst Mitte Mai."

Arme Sau, denke ich und gehe wieder nach oben.

14.

Ich hab was Grausames geträumt: Boro geht zum FC Liverpool. Es kann nur mit dieser blöden Dokumentation zusammenhängen, die wir gestern in Musik über die Beatles gesehen haben. Jedenfalls bin ich schon vor dem Wecker aus dem Bett und direkt runter zu den Zeitungen – das Sleepshirt klebte mir kalt am Rücken. Aber nichts dergleichen. Auf der Sportseite alles im grünen Bereich; Training ist um zehn Uhr dreißig und ansonsten wieder nur leichtes Gerangel, wer gegen Duisburg spielt. Obwohl das auch erfunden sein kann. Damit die Zeitung spannender wird.
Ist ein warmer Morgen mit viel Sonne. Trotzdem schaffe ich von Mamas Frischkornbrei keine drei Löffel. Und selbst auf dem Weg zur Schule bin ich noch so verhuscht, dass ein Müllmann schimpfend vor mir vom Radweg springt.
Ich fühl mich besser, wenn eine Spielzeit gerade anfängt als jetzt, so kurz vor dem Ende. Jeden Tag hört man neue Gerüchte, wer von wo nach wo den Club wechselt, die reinste Tauschbörse ist

das. Mama hat gestern gesagt, dass sie mit ihrem Exfreund damals vermutlich besser gefahren wäre. Der habe heute wenigstens eine eigene Glaserei.

Ich glaube, nörgelnde Ehefrauen sind genauso unzuverlässig wie Bundesligaspieler, die dauernd nach anderen Vereinen schielen. Die bilden sich auch ein, alles wird toll, wenn der Neue nur erfolgreicher ist und mehr Kohle austut. Aber um die, die unter so einem Transfer leiden, schert sich im Grunde niemand. Ich meine, was wird denn aus all den Leuten, die letztes Jahr noch stolz mit der Nummer Sieben auf dem Trikot herumliefen? Nicht dass ich Stalteris Weggang bedauert habe – seine Flanken waren trotz der ganzen Rackerei bis zum letzten Tag grottig – aber er hatte eine Menge Fans, die um ihn geheult haben und die sich bei seinem Abschied sicher genauso hilflos fühlten wie ein Kind, wenn sich die Eltern trennen.

Mal angenommen, dieser Glaser wäre gerade frei und immer noch an Mama interessiert. Wie hoch müsste wohl die Ablösesumme sein, damit Papa sich auf einen Transfer einließe? Blödes Zeug, gar nichts würde er! Weil auf Papa nämlich Verlass ist. Deshalb mag ich ihn ja so. Ich glaube, es gibt eine ganze Reihe Menschen, die auf Verlässlichkeit stehen. Die tausende von Frauen zum Beispiel, die heute noch glänzende Augen kriegen, wenn nur der Name Marco Bode fällt. Boro hat im letzten Frühjahr auch für weitere drei Jahre unterschrieben. Und er ist norddeutsch, das heißt nicht so ein windiges Arschloch, das mit den Hufen scharrt, nur weil die halbe Bundesliga gerade mal wieder am Rotieren ist. Im Grunde kann man doch froh sein, so als Bremer. Ich meine, auch wenn die Innenstadt inzwischen fest in der Hand von Sonderpostenläden ist und man uns schon bei der Berufsberatung sagt, wir sollten am besten gleich runter nach Süddeutschland – für einen Fan mit Herz können ein Magath oder ein Pander niemals das sein, was für uns Schaaf und Allofs sind. Ich hoffe wirklich, die beiden machen ihren Job hier bis zur Rente. Allein schon, weil ich dann das sichere Gefühl hätte, dass gewisse Dinge in der Welt eben doch noch Bestand haben.

„Ey, Melanie!" Offenbar hat Jenny schon bei den Fahrrädern auf mich gewartet. „Morgen vierzehn Uhr? Fahren wir zusammen?"

„Pfff ..." Erstmal Zeit gewinnen. „Wer sagt, dass ich da überhaupt hinfahre?"

„Na, komm, das wirst du dir doch nicht entgehen lassen! So wie der dich letztes Mal schon eingescannt hat. Wenn du willst, helf ich auch wieder 'n bisschen nach."

In Mathe sitze ich alleine. Senne kommt erst in der kleinen Pause. Klemmt sich verstohlen hinter die Bank und beißt mir 'n Ohr ab. Dass Marc ein gemeiner Blödmann ist. Hat doch tatsächlich noch ein Ticket für Köln ergattert, aber eben nur eins und jetzt fährt er ohne sie, dieser Mistkerl. „Aber der wird schon sehen, was er davon hat", prophezeit Senne. „Wann ist morgen nochmal Training? Und sag mal, dieser Traumfänger, der ist doch okay, oder? Damit mach ich mich doch nicht lächerlich?"

Bin ich ein Schaufensterteddy oder was? Die können auch nur nicken oder den Kopf schütteln. Senne sagt, sie sei ja sooo froh, dass ich mitführe. Alleine würde sie sich wahrscheinlich gar nicht hintrauen zum Stadion. Dann kommt der Geffken. Interpretation. Hab null Ahnung, was genau er meint. Ständig bricht mir der Schweiß aus, jedes Mal, wenn ich an morgen denke. Zwei Hyänen werden mir im Nacken sitzen, während ich mich auf die weiche Frequenz von *Uns schon mal begegnet* einzustellen versuche. Die eine geiert darauf, mich mit Aaron Hunt zu verkuppeln und die andere hält sich für Mrs Christian Schulz. Was glaubt Senne eigentlich? Dass sich die Welt von jetzt an um ihre Karriere als Fußballer-Groupie dreht? So wie sich bisher alles um dieses Prachtstück von Marc-Atze gedreht hat? Und davor um die Tatsache, dass sie sich noch nicht entjungfern lassen wollte? Und ich Blödi hab da immer mitgezogen. Der Spruch stimmt übrigens, dass einem die Haare zu Berge stehen. Wie ein wutschwitzender Pudel kämpfe ich gegen die Panikattacken an.

„Melanie, geht's dir nicht gut? Du wirkst ja überhaupt nicht bei der Sache."

„Ich glaub, ich hab Fieber", sage ich zu Herrn Äffchen. Der schickt mich auf der Stelle nach Hause. So geiles Frühlingswetter hatte ich auf der Fahrt zum Stadion noch nie.

Man sollte immer vormittags kommen. Fast nur Erwachsene. Ich glaube, mit ein paar Dutzend nervigen Kindern würde ich heute auch abdrehen. Diese Ob-er-mich-wieder-erkennt-Nummer macht mich noch völlig fertig.

Manchmal geht ein wichtiger Mensch auf die Glastür zu, tippt den Zahlencode ein und dann Sesam öffne dich! Am Zaun lungert ein Kamerateam von *buten un binnen*. Ich wünschte, sie wären nicht da. Überhaupt wünsche ich mir auf einmal, ich stünde vorm Vereinsheim des TV Eiche Horn und gleich käme ein liebenswerter Junge, der Kreisklasse spielt und mich an seinen frisch geduschten Body drückt.

Mein Herz wummert wie ein Basslautsprecher, bevor die Membran reißt. Noch einmal schärfe ich mir die wichtigsten Verhaltensregeln ein. Bloß nicht wieder so ein Spruch wie damals der mit dem Aufnäher. Halt lieber den Mund und lächele nur. Als die Tür aufgeht und Torsten Frings mit einer ganzen Hundertschaft grau-orange gekleideter Spieler hinter sich ins Freie drängt, habe ich mehr Gebote zusammen als Moses bei seinem Abstieg vom Berg Sinai.

„Hi", sagt ein schlacksiger Athlet, der plötzlich dasteht wie hergebeamt. „Machst du wieder 'n Interview?"

Aaron muss denken, dass ich seinetwegen so stocke, denn – ich glaub's nicht – er lächelt.

Ich sage: „Nein, das heißt ... eigentlich hab ich 'ne Frage an Tim Borowski."

„Boro?" Er dreht sich um. Etwa, um ihn herzurufen?

„Ist nicht da", sagt er, aber das schnalle ich erst nicht. Recke mich nach den anderen Spielern, als würde Tim jeden Moment wie ein Stern daraus hervorleuchten. „Der kuriert 'ne Zerrung aus."

„Oh."

Ich stehe noch lange da. Die Fernsehleute haben ihre Ausrüstung bereits wieder zusammengepackt und trotten zum Parkplatz. Beine sind schwer wie Beton. Ich glaube, für die Rückfahrt brauche ich zwei Stunden.

Papa hat zum Mittag frittierten Fisch geholt. Von unten. „Die Verpackung", sagt er, „bringe ich besser gleich raus."

15.

Frag mich mal einer, welches das beschissenste Alter überhaupt ist und ich sage sechzehn. Sie tun so, als läge dir die Welt zu Füßen, doch in Wirklichkeit musst du einstecken, einstecken, einstecken. Ich hab weiß Gott schon genug Mist erlebt dieses Jahr, aber sieht ganz so aus, als würde ich jetzt auch noch Zeuge werden, wie meine ehemals beste Freundin eine Prominentenlaufbahn einschlägt, die eigentlich mir zugedacht war.

Senne schreibt mir, Schulz habe den Traumfänger total süß gefunden. Na also, dann braucht sie mich doch gar nicht! Fährt zum Training, trifft ihren Superstar, Zukunft perfekt.

Ich frag zurück, ob sie schon ein festes Date mit ihm hat. Danach drücke ich alle von ihr eingehenden Nachrichten weg. Lese nur noch die von Kaya. Ob ich Samstag wieder fit genug bin, um zu kellnern. – Ja, bin ich. Und Rob meldet sich später auch. Hofft, dass es mich nicht zu sehr erwischt hat. – Doch, hat es.

Nicht nur, dass man lernt, sein bescheidenes Dasein irgendwie zu ertragen, man muss auch noch tun, als mache einem das alles nichts aus. Ich kann ja wohl schlecht am Samstag ins Leagues Inn gehen und da rumnölen. Wenn ich beim Bedienen eine Fresse ziehe, nimmt mich Kayas Vater garantiert nicht wieder.

Also lächele ich und bin freundlich, ist auch gar kein so übler Tag, der Samstag. Es hört zu regnen auf, kurz bevor ich los muss, und beim Umsteigen in den Vierundsechziger warte ich keine zwei Minuten. Die Nervensägen, die heute Geburtstag feiern, führen sich zwar auf wie verzogener Hanseatenadel, aber die ätzende Schiffsglocke haben sie bis zum letzten Schluck Apfelschorle noch immer nicht entdeckt.

Lynn macht mit Kaya zusammen die Erwachsenen in der Hauptkneipe. Der Chef kommt und haut sich zu Jens an die Theke. Gegen sieben trudelt auch Rob ein, ich fege gerade die letzten Nuggetskrümel zusammen. Dann trinken wir Cola und Bier und der Chef sagt: „So geil, Alter! Zwei Monate noch und dann nie wieder Schule!"

Dass ihm die bestimmt noch fehlen werde, prophezeit Jens. „Das merkst du spätestens, wenn du im Winter auf dem Bau stehst und dich erinnerst, wie gut du es im Jahr davor hattest."

„Kann nich' sein", tönt der Chef. „Allein neulich, da mussten wir eine Woche lang den Schulhof pflastern. Und das nur, weil ein paar Ärsche aus der B beim Rauchen den Mülleimer im Klo abgefackelt haben. Findest du das vielleicht gut?"

„Kommt drauf an." Jens spült die letzten Gläser, die Lynn vorhin von den Tischen geholt hat, und grinst. „In der richtigen Gesellschaft kann so was amüsanter sein als Kino. Nee, aber ehrlich!" Jetzt wendet er sich an uns alle. „So eine Klassengemeinschaft, wie ihr sie zur Zeit noch habt, die kriegen zumindest die, die danach in den Beruf gehen, nicht wieder."

Kaya ist schwer am Grübeln: „Sagt mal, wieso machen wir eigentlich keine Abschiedsparty?"

„Geiler Gedanke", findet der Chef. Rob guckt erst mal, wie ich gucke. Hab keine Meinung. Die hier sind nett. Schule ist auch ganz nett. Aber irgendwie auch schon ziemlich vorbei. Ich bin einfach zu sehr mit anderen Dingen beschäftigt. Wie ich es doch noch gebacken kriege, dass danach was Gutes für mich kommt, zum Beispiel. Wobei was Gutes irgendwie immer gleichbedeutend mit dem strahlend frischen Lächeln von Boro ist. Das sehe ich als Erstes, wenn ich meine Fantasie in Richtung Zukunft abheben lasse. Doch kurz darauf hapert es dann auch schon wieder. Hab einen Mörderrespekt davor, mich als Dauerbegleitung an die Seite von Tim Borowski zu träumen. So exklusive Klamottenlabels, wie ich da bräuchte, die gibt's doch in keiner Altkleidersammlung! Also komme ich automatisch wieder auf die Krampfadernkarriere, in die Mama mich zwängen will. Wie eine Achterbahn ist das, immer hoch und runter zwischen Reinins-Vergnügen und Hilfe-mir-wird-schlecht. Ich frag mich, wie die anderen das auf die Reihe kriegen, mal eben so nach zehn

Jahren die Akte Schule schließen und einfach eine neue aufschlagen.

„Wenn ihr hier feiern wollt", sagt Jens, „dann geht das nur bis zur dritten Maiwoche. Danach ist Urlaub und anschließend die WM. Da brauch ich die Räume abends für die Übertragungen."

Sie finden schnell das optimale Datum für die Party. Dreizehnter Mai, das Ende der Bundesliga. Wäre doch auch für unsere Schulzeit ein würdevoller Abschluss, meint der Chef. Ein richtiges Turnier wollen sie aufziehen. Jens würde uns dazu die drei großen Felder überlassen.

„Und danach wären Tacos geil", überlegt Kaya. „Die können wir nachmittags vorbereiten und dann alles nur hinstellen. Mel? Hast du nicht auch irgendeinen Wunsch?"

Ich wünsch mir, dass gleich die Tür aufgeht und Dieter Zembski reinkommt. Er würde was von einer Fantour erzählen und fragen, ob jemand Lust habe, ihn zu begleiten, und ich würde mich für mein blödes Verhalten neulich entschuldigen und dann würden wir zusammen nach Vechta fahren, mit einem very special guest im Auto, versteht sich, Fuck, auf meiner Achterbahn bin ich schon wieder so weit oben, dass sich mir beim Runterfallen bestimmt gleich der Magen umdreht.

Den Bus in die Stadt nehmen wir zusammen. Lynn und der Chef wollen sich den neuen Johnny Depp ansehen, Kaya geht ins Subway, wo ihr Freund noch arbeitet. Dass er gerade voll Bock auf ein Guinness hat, sagt Rob und ich, okay. Weiß sowieso nicht, was ich an einem Samstag um neun zu Hause soll. Also tigern wir über den Wall in Richtung Viertel und lästern über das neueste Bettgeflüster vom Chef und weiß ich was für Angebereien. Macht Spaß, so mit Rob umherzuziehen und fällt nicht mal doof auf, als er mir einen Arm um die Schultern legt. Vielleicht erfüllt sich ja mein Wunsch, ihn zur besten Freundin zu haben. Wie praktisch das ist, so neben einem Jungen, merke ich schon daran, dass sich kaum noch ein anderer blöd nach mir umdreht.

Vor einem Schaufenster mit ziemlich geilen Trekkingsachen bleibt er stehen. „Guck mal, die dunkelblaue Jacke da ist Wahnsinn, oder?"
Ich glaub's nicht, dass Rob sich für Klamotten interessiert. Aber nee, meint er, das sei auch nur zwangsläufig. Seine Eltern würden sich einfach weigern, ihm zum Geburtstag noch Geld zu geben. Die legten jetzt lieber in Jacken oder Hosen an. Und weil im letzten Jahr eine total peinliche Knabengarnitur dabei rausgekommen sei, gucke er dieses Mal lieber selbst.

„Ich suche auch noch 'n Geschenk", sage ich und schiele aus den Augenwinkeln. Gleich fragt er, für wen und dann kann ich mich rantasten. Eins nach dem anderen, bis ich ihm schließlich verklickert habe, was seit einiger Zeit bei mir werdermäßig läuft. Und dann brauchen wir uns nicht länger über doofes Jungfrauentum zu unterhalten. Ein richtig geiles Arbeitsthema haben wir dann und ich vor allem wieder einen Vertrauten.

Er macht eine Drehung zu mir rum und fragt ganz ungläubig: „Ehrlich?"

Ich sehe nur noch den äußeren Rand der Auslage, den Großteil des Fensters verdeckt ja Rob. Aber da springen sie mir ins Auge: lustige bunte Armbänder aus Gummi, natürlich keine Originale, so wie das von dem Armstrong oder das mit *Stand up speak up* drauf, sondern so Blancodinger, in Grün oder Weiß liegen sie da und eins sogar in Dunkelorange. Mit einem Edding müsste man da prima was reinschreiben können, eine Telefonnummer, zum Beispiel. Mann, das ist die Lösung! Ich hab das ultimative Mitbringsel zu Boros Geburtstag!
„Sag mal", frage ich meinen neuen Counsellor. „Wenn dir jemand so ein Gesinnungsarmband schenken würde, das aber nur 'ne Kopie ist, würdest du das nett finden oder blöd?"
„Nee. Prinzipiell wär das okay."
„Prinzipiell?", wiederhole ich unsicher und Rob guckt auch ganz komisch, so verwirrt, aber irgendwie auch ein bisschen nach Hans im Glück. Auf einmal kommt er immer näher, tippt mit seiner Stirn gegen meine und flüstert. „Naja, weil das unprinzipiell ja nicht nötig wäre. Wir haben uns doch früher auch nichts geschenkt."

16.

Ob ich das nicht ätzend fände, fragt Senne mich am Dienstag. Dass sie das Pokalfinale ausgerechnet auf dieses Wochenende gelegt hätten. Und der zweiunddreißigste Spieltag jetzt mitten in der Woche sei. Ich weiß sofort, worauf sie hinauswill, stelle mich aber doof, was Senne dazu veranlasst nachzuhaken: „Mann, sag mal! Wir haben den zweiten Mai! Boros Geburtstag! Wenn die nicht nach Duisburg müssten, dann wäre heute bestimmt ganz normales Training. Du hättest alle Zeit der Welt, ihm was Nettes zu schenken. Und vielleicht sogar mit ihm zu quatschen."
„Ach, scheiß drauf."
„Echt, Mel, was iss'n los mit dir? Neulich, als du mir das erzählt hast, da warst du total high von der ganzen Sache und jetzt?"
„Neulich war Marc auch noch der coolste Stecher im gesamten Weser-Ems-Gebiet, oder?"
„Ein Blödmann war er! Soll er doch hinfahren, zu seinem dämlichen Köln-Spiel. Immerhin gibt's hier auch andere Typen. Viel bessere sogar."

Ich sag nix. Wundere mich nur, mit wie viel Überzeugung Senne das verkündet. Klar, dass sie mit bessere Typen Christian Schulz meint. Ganz verzückt soll der gewesen sein, als sie ihm den Traumfänger gab. Angeblich sogar mit Küsschen.

Ich kann das verdammte Gequatsche nicht mehr hören. Erst ihre eheähnliche Beziehung zu diesem Bibo-Verschnitt und jetzt der kometenhafte Aufstieg an die Seite eines Profis. Würde am liebsten zu Rob gehen, den Kopf bei ihm anlehnen und sagen, dass es mal wieder so weit ist. Aber da residiert ja der Chef. In jedem bekackten Unterrichtsraum hat der den Platz neben Rob. Wie ein Eiterpickel sitzt er ihm auf der Pelle, erst gestern soll er wieder mächtig aufgedreht haben. Von wegen Lynn hier und Lynn da, und was für Schweinereien man mit der alles machen könne. Nachdem Rob sich den ganzen Sexkram Dr.-Sommer-mäßig angehört hatte, kam er abends noch bei mir rum und meinte: „Sag mal, Mel, gibt's das eigentlich, ein Mädchen, das alle zwei Wochen seine Tage hat?"

„Die soll doch zum Arzt gehen!", hab ich geflucht. Ehrlich, da haben wir beide Freunde, die, sobald sie mit jemandem zusammen sind, tun, als würden sie aus dem Bett gar nicht mehr rauskommen, und dann sollen wir auch noch für die Lösung ihrer Probleme herhalten.

Zum Glück haben Rob und ich die Sache dann aber noch analysiert: Diese Lynn hat gar nicht alle zwei Wochen ihre Tage. Sie hat nur keinen Bock auf Sex. Deshalb täuscht sie das so oft vor, genau im Rhythmus nämlich: alle vier Wochen echt und die Male dazwischen gefaked. Damit sie nicht so oft ran muss. „Ha!", klopfte Rob sich da auf den Oberschenkel. „Der Alte lässt sich verarschen!" Wirklich zufrieden machte uns diese Erkenntnis allerdings auch nicht. Weil es einfach nur blöd ist, der Mülleimer von Leuten zu sein, die sich einem so haushoch überlegen fühlen. Schon am Samstag haben wir uns das wieder und wieder vorgejammert. Wir saßen im Hegarty's, wo ein ungewaschener Kerl mit langen Haaren eine Endlosversion von *Losing My Religion* klimperte. Rob drehte sein Glas auf dem durchweichten Deckel hin und her, bis der lauter schmutzige Krümel absonderte, und meinte irgendwann: „Das Beste wäre, wir würden das einfach selbst mal erkunden."

Der Musiker machte gerade eine Runde, auf der er in einem alten Hut Centmünzen einsammelte. Exakt in dem Moment, als Rob den Gedanken an ein baldiges, erstes Mal aufwarf, hielt mir der Penner das speckige Teil wie einen Brechnapf unter die Nase. „Kann nicht dein Ernst sein", sagte ich angewidert. „Sollen wir uns vielleicht jemanden von der Straße picken?"

„Ach, Mellie." Robs Kopf fiel unsanft gegen mein Ohr, aber wir waren auch schon bei unserem dritten Guinness. „Du bist'ne Frau und ich'n Typ. Noch Fragen?"

Auf einmal schien alles ganz leicht. Auch weil der Wicht mit dem Hut ohne zu nölen weiterzog. Für mich war nur noch Rob da mit seinem gepflegten Gazellenkörper, den ich mir plötzlich sehr gut und sehr nackt neben mir auf einem kühlen Satinlaken vorstellen konnte. Waren wir nicht wie Zwillinge in einer Selbsthilfegruppe, die dasselbe, dringende Anliegen verband?

Der Bierdeckel hatte mittlerweile schon eine kreisförmige Rille. Verträumt beobachtete ich Robs Hände, die das Glas tiefer und tiefer darin einfrästen. Ich glaube, seit dem letzten Jahr sind sie noch länger geworden. Mir fiel das Bochum-Spiel wieder ein, wie wir uns da gegenseitig gewärmt haben und dann ganz schön im Stadion rumgemacht. Stadion darf man eigentlich nicht denken, wenn man unsterblich in Tim Borowski verknallt ist. Da hat kein anderer mehr 'ne Chance. Rob ist dann auch in der Bahn sitzen geblieben, als ich zwei Stationen vor ihm ausstieg. Bloß nicht nach Hause bringen, habe ich gesagt und mir die Hand vor den Mund gehalten, als ob mir schlecht gewesen wäre. Scheißtricks, mit denen Frauen so arbeiten, aber in dem Moment wusste ich auch nicht. Ich glaube, selbst wenn Fernando Meira unverhofft zugestiegen wäre, ich hätte Boros grandioses Lächeln an dem Abend nicht mehr aus dem Kopf gekriegt.

„Und Hunt?", fragt Senne jetzt. Die Weinhans ist schon beim Ansagen der Hausaufgaben.

„Was, Hunt?"

„Na, mit dem läuft doch auch irgendwas. Hat der dich neulich nicht sogar angesprochen? Weißt du, Mel, ich hab langsam das Gefühl, du verheimlichst mir was."

„So 'n Quatsch", zische ich sie an. „Glaubst du, ich bilde mir im Ernst ein, einer von denen wollte was mit mir zu tun haben? Überleg doch mal, wie viele Frauen in Bremen rumlaufen, die davon träumen, eines Tages mit einem wie Andreasen oder von mir aus auch dem Polenz eine Villa in Oberneuland zu bewohnen? Das ist doch alles nur Märchenstunde."

Senne rückt mindestens um eine Heftbreite von mir ab und legt beleidigt den Kopf in den Nacken: „Finde ich nicht."

O nein, ich kotze! Will keine Belehrung darüber, wie nahe sie selber an so einer Sache dran ist. Und dass Kontakte zu Spielern durchaus möglich sind, wo denn sonst, wenn nicht in Bremen? Wäre das hier München oder Berlin, dann würde ich doch auch nicht gleich losrasen, um Boro irgendwie an seinem Geburtstag zu erwischen. Er muss heute da sein! Und ich muss ihm mein Präsent geben und noch viel mehr muss er etwas Eindeutiges zu mir sagen. Dass wir uns ja lange nicht gesehen haben, zum Beispiel, oder – das wäre natürlich das Geilste – ob ich übermorgen, wenn er aus Duisburg zurück ist, schon was vorhabe.

„Wieso packst'n du ein?", fragt Senne, als der Gong ertönt. „Wir haben doch gleich noch Geschichte!"

„Ich muss zum Kieferorthopäden." Kann mich noch gut daran erinnern, dass in der Sechsten oder Siebten keine Entschuldigung so viel Wert hatte wie ein Termin beim Gebissklempner.

„Wie, jetzt? Kriegst du etwa 'ne Klammer?"

„Keine Ahnung, das wird der mir ja sagen."

Ihr dämliches Grinsen kann sie sich auch schenken. Aber wenigstens bringt sie das von dem Verdacht ab, ich würde möglicherweise doch zum Training fahren, während sie hier bleiben und den Russlandfeldzug über sich ergehen lassen muss.

Wann braucht man vor einer Begegnung, die so wichtig ist wie meine heute, keine Angst zu haben? Wenn man gut drauf ist. Und woran merkt man, dass man das ist? Man hat geistige Höhenflüge, das heißt man kommt auf Sachen, die einem bisher noch nie eingefallen sind. Zum Beispiel auf dem Nachhauseweg, wie ich da in unsere Straße einbiege und es riecht mal wieder wie auf einem Krabbenkutter. Hinter dem Fenster zur Fischküche wieselt Frau Scholz zwischen Arbeitsflächen und Räucherofen hin und her, als bereite sie gerade hunderte von Essen zu. Dabei ist der Laden vorne geschlossen und die blankgeputzten Fächer im Tresen deuten auch nicht darauf hin, dass er irgendwann heute noch geöffnet werden würde. Die braten ihre Fische nur zur Show, denke ich da. Weil sie wenigstens in der Nachbarschaft ihren guten Ruf als Betreiber eines Delikatessengeschäfts aufrecht erhalten wollen. Arme Säcke, dass sie die Segel hier in ein paar Tagen streichen müssen.
Ich brauche mindestens eine halbe Treppe, bis ich das Elend der Familie Scholz wieder abgeschüttelt habe. Aber dann wird mir klar, wie brilliant mein Oberstübchen heute arbeitet. Ich bin kritisch und topfit im Kombinieren, die besten Voraussetzungen also für ein Treffen, bei dem es möglicherweise um alles geht.
Muss nur noch schnell meinen Rucksack in die Wohnung bringen und Mama einen Zettel schreiben, weshalb ich heute später kom-

me – eine zusätzliche Sportstunde, genau, das macht Sinn! Das Armband, das ich gestern für ihn gekauft habe, liegt hinter einem Stapel alter *Bremer* im Regal. Beide Bänder, um genau zu sein, aber eins habe ich beim Beschriften gleich versiebt, ausgerechnet das orangefarbene. Ich hätte mit dem grünen anfangen sollen, dann hätte ich bemerkt, dass ein Edding absolut daneben ist. Wie Tusche hat sich die Farbe auf der glatten Innenseite ausgebreitet; meine Handynummer verlief im Nu zu einem schwarzen Balken.
„Hast du heute früher Schluss?"
Ich pralle mit der Schulter gegen den Regalpfosten, so erschrocken bin ich, dass Mama plötzlich in der Tür steht. „Wie, du bist schon zu Hause?"
„Na hör mal! Du ja offenbar auch."
„Ich ... muss nur ... meine Turnschuhe! Ja, weil wir noch Training haben."
„Was denn, nachmittags?"
„Ja, gleich. Wir üben für das Sportfest."
„Aber das geht nicht!"
„Wie, das geht nicht?"
„Na, weil du um zwei zu Gesa musst! Ihr Geschäftsjubiläum, bei dem du helfen sollst. Das hab ich dir doch neulich gesagt."
Scheiße. Da hat sie mich also wieder eingeholt, meine Dummtusszukunft. Als ich runtergehe – „Jaja, ich fahre ja gleich danach in den Frisörladen." – „Nein danke, Grünkernfrikadellen mag ich jetzt wirklich nicht." – „Weshalb ich mir so sorgfältig die Lippen

pinsele? Keine Ahnung, du willst doch immer, dass ich schön bin!"
– Jedenfalls ist es auf dem Weg nach unten mit meinem Höhenflug wieder vorbei. Auf einmal kommt mir selbst Scholles Zukunft gesegneter vor als meine. Seine Eltern haben den Karren zwar wirtschaftlich in den Dreck gefahren, aber wenigstens lassen sie ihn weiter zur Schule gehen. Und sind nicht so naiv, aus ihm einen Jude Law junior machen zu wollen.

„Ganz zauberhaft!" Der Wella-Vertreter hüpft vor mir herum wie das Rumpelstilzchen vor der Königstochter. Schon zum zweiten Mal grapscht er mir ins Haar. „Wenn du die auf Schulterhöhe durchstufst und noch 'n Tick blonder färbst, dann siehst du exakt so aus wie Heidi Klum."
„Na, toll, die Frau könnte meine Mutter sein."
„Ach, ihr Schüler!", seufzt er migränemäßig. „Ihr seid ja immer so was von anti. Aber das lernst du schon noch, dass man im Beruf mehr auf die Leute eingehen muss." Dabei tätschelt er mich unter dem Kinn. Auf offener Straße würde ich ihm eine scheuern. „Wann, sagtest du, beginnt deine Ausbildung? Am ersten August?"
Der Typ hat dasselbe Karnickelgrinsen wie Frank, der Weddingplanner. Gerade überlege ich, ob Frank möglicherweise ein Synonym für Schwuchteln ist, da ruft Mama mich zu sich in den schmalen Durchgang mit der Küchenzeile. Sie kam erst vor ein paar Minuten, ich schätze, um zu gucken, ob ich brav meinen Job mache.

„Sag mal, kannst du nicht etwas freundlicher zu den Gästen sein? Die Gesa hat dich schließlich nicht herbestellt, damit du ihr die Kunden vergraulst."

Mit einem Betonlächeln sieht sie sich um. Ich bemerke am Zucken ihrer Mundwinkel, dass sie voll auf hundertachtzig ist. Kein Wunder, denn bei dem, was Gesa hier an Jubiläumsgästen zusammengetrommelt hat, wird auch Mama geblickt haben, dass meine Chancen, in dieser Absteige fürs Fernsehen entdeckt zu werden, geringer sind, als wenn ich bei Kiefert Bratwürste verkaufte. Überwiegend dicke, kurzbeinige Frauen aus der Nachbarschaft, die sich den Termin für die nächste Dauerwelle gleich mitnehmen – ist ja ein Weg. Und die beiden einzigen Kerle sind Frank-die-Schwuchtel und ein gewisser Herr Dierksen, der in diesem Bezirk seit dreißig Jahren die Post zustellt.

„Du sollst hier nur das Frisörhandwerk lernen, klar?"

Offenbar hat Mama meine Gedanken erraten. Ich sage: „Klar. Und wenn ich das drauf habe, bin ich neunzehn. Aber macht ja nichts, als Abiturientin wäre ich auch nicht früher fertig."

In ihren Nasenflügeln entstehen Dellen wie bei einem nach Luft japsenden Staubsaugerbeutel.

Es ist Gesa, die sie aus ihrer Anspannung reißt. Gesa, deren Kopf glüht, als würde er jeden Moment Funken spucken, und die jetzt mit Mama anstoßen möchte, vor allem auf deren hübsche, große Tochter – „Mensch, Ute, was freu ich mich! Nochmal wieder 'nen Lehrling!"

Ich verschwinde in die Nische, wo ich vorhin meine Jacke auf einen hoffnungslos überladenen Garderobenhaken gezwängt habe, und hole mein Handy aus der Seitentasche. Aber Mist, immer noch nicht die erlösende Nachricht. Hätte ich ihm doch bloß einen Hinweis auf die Innenseite des Armbands gegeben.

Ich habe erst die Kleinen abgewartet, die Boro mit Glückwünschen und Blumen und grün-weiß dekorierten Kuscheltieren überhäuften. Dann, nachdem er den ganzen Schrott irgendwem vom Verein in den Arm gedrückt hatte und eigentlich schon durchstarten wollte in Richtung Wiesen, bin ich todesmutig auf ihn los. „Alles Gute zum Geburtstag!" Ich hab's sogar einigermaßen flüssig über die Lippen gekriegt. Vielleicht ist das ja der Vorteil, wenn man ein Gesicht hat wie Heidi Klum – die Leute bleiben wenigstens stehen und gucken, jedenfalls schien er ziemlich froh zu sein, mich zu sehen, auch wenn ich nicht hundertpro behaupten kann, es sei ein typisches Ach-du-bist's-Lächeln gewesen.

Er guckte auf das Armband, streifte es sich über die linke Hand und sagte danke. Dann guckte er nochmal mich an, ein Blick wie das saftig-zarte Fleisch junger Cantaloupe-Melonen. Auch möglich, dass er sich zum Sprechen zu gehemmt fühlte, weil Owo ganz in der Nähe stand. Ich würde rückblickend sogar sagen, der habe auf Boro gewartet, um dann zusammen mit ihm in die Marsch aufzubrechen. Jedenfalls kam von Tim nur noch ein Lächeln und schließlich – Hilfe!, ich verglühe jetzt noch, wenn ich mir das auf den Schirm hole – zum Abschluss sagte er: „Also, bis dann."

Das war um genau dreizehn Uhr vierundvierzig. Inzwischen haben wir es sechzehn Uhr sechzehn, geschlagene zweieinhalb Stunden also, in denen ich mir das Hirn darüber zermartert habe, wann für einen Profifußballer *bis dann* ist. Nach dem Training? Vor seiner Abfahrt? Übermorgen Abend? Er muss doch mein Geschenk auf mögliche Spuren zu mir hin untersucht haben. Was um alles in der Welt bedeutet sonst so ein sehnsüchtig zugehauchtes Bis-dann, wenn nicht das Versprechen, man werde für ein baldiges Treffen Himmel und Hölle in Bewegung setzen?
Großer Gott, mein Handy klingelt! Ausgerechnet, als ich es zurück in die Jacke stecken will. Springt mir wie ein Frosch aus der Hand, ich kann gerade noch die Knie zusammenschlagen, um es vor einer Bruchlandung zu retten. Eine SMS. Daumen zittert wie Mohammed Ali. Ich halte es mit links und tippe laienhaft mit rechts. Kenne den Absender nicht. Lesen? Ja, klar! Und dann erscheint die Nachricht: „Wenn Sie Ihr X-tra-Guthaben jetzt um 30 Euro erhöhen, schenken wir Ihnen …"
„Melanie? Gehst du bitte mal zu Frau Schierholz? Ich glaube, die Damen da hinten möchten noch etwas Sekt."

17.

Samstag Nachmittag. Er hat nicht angerufen. Und ich war auch nicht mehr am Stadion. Würde mich doch nur lächerlich machen, da schon wieder aufzutauchen, schließlich bin ich kein Stalker. Aber Senne war inzwischen dort. Gestern, vorgestern, keine Ahnung, wie oft, die Kontaktaufnahme scheint jedenfalls wie geschmiert zu laufen. Sogar einen gemeinsamen Spaziergang soll Schulz ihr in Aussicht gestellt haben.

Jenny hat sich, nachdem bei Micoud nun mal definitiv nichts zu holen ist, wohl auf Hunt eingeschossen. Sei einfach besser für ihr Image, meinte Senne. Denn sollte sie mal einer fragen, ob sie überhaupt schon mit ihrem Star gesprochen habe, so könnte Jenny bereits jetzt sagen, klar hab ich!

In der Schule gibt es eine Gruppe um Kaya, die sich mit der Planung der Abschlussparty beschäftigt. Sind nett. Fragen auch, ob man auf was Bestimmtes Bock hat. Die Jungen wollen ein richtiges Turnier, die meisten Mädchen lieber quatschen und vielleicht

Disco. Mir egal. Ich gehe sowieso erst später. Will mir das Spiel gegen den HSV nicht antun, die letzte Begegnung, in der Boro vor der Pause für den Verein spielt, und danach WM – nee, danke.
Rob steht auch nicht besonders auf national, niemand von uns eigentlich. Muss wohl mit den vielen Bayern zu tun haben. Brasilien, sagt er, das wird er sich angucken. Und ich Tschechien. Bin nur froh, das Schalke Milan Baroš letztes Jahr nicht gekriegt hat. Hoffentlich trägt er sein Haar bei der WM nicht wieder mit so einem merkwürdigen Kamm nach hinten gesteckt.
Irgendwie hat jeder von uns einen Favoriten, sogar Josie Olsen, die voll auf Mangas abfährt und deshalb für die Japaner ist. Aber keine Chance, meinte der Chef neulich in der Pause. Im Abschluss seien die viel zu schwach. „Wieso?", fragte Josie, ich hab sie selten so energisch erlebt. „Immerhin haben sie die Brasilianer beim Confed Cup ganz schön ins Schwitzen gebracht." – „Ja, weil die müde waren. Normal sind die Schlitzis viel zu kurz, um ernsthaft was zu reißen. Die bringen doch keine einzige Ecke rein."
Vom Spiel gegen den ersten FC zeigen sie gerade eine Großaufnahme von Poldi. Ich seh's in dem Fernseher der Wohnung gegenüber. Macht aber keinen Spaß zu gucken, weil Papa heute nicht am Fenster lauert. Er hat sich gleich nach dem Frühstück in den Keller verkrümelt, wo er vermutlich an seinem Fahrrad bastelt. Im Weser-Kurier war heute Morgen ein Stellenangebot von Vorwerk. Da wurde ein Teppichverkäufer gesucht und Mama meinte, Paps sei ein Volltrottel, wenn er sich darauf nicht

bewerben würde. Ich bin dann in mein Zimmer, wo ich ihn aber trotzdem noch ziemlich laut sagen hörte, Außendienst, das könne selbst sie nicht von ihm verlangen. Schließlich habe sie ja auch keinen Bock, von jetzt an nur noch auf Tankstellenklos scheißen zu gehen.

Dann rief Rob an. Ob ich am Abend vorbeikommen wolle. Er sei das ganze Wochenende über allein, weil seine Eltern mit dem Kleinen zu einem Freundschaftsturnier für Bambinis gefahren seien. Weiß nicht. Meld mich nochmal.

In Köln ist gerade Halbzeit. Mama kommt mit einem Stapel gewaschener Sets herein, um sie in der großen Schublade der Schrankwand zu verstauen. Beim Rausgehen wirft sie mir einen kritischen Blick zu. „Mannomann, dass ihr euch auch so gehen lasst!"

„Was ist denn jetzt schon wieder?"

„Nichts. Außer dass wir's gleich halb fünf haben und du noch immer ohne Wimperntusche herumläufst. Du weißt doch, wie blass das wirkt."

„'tschuldige, Mama. Aber du hast nicht gesagt, dass wir heute George Clooney zum Essen erwarten."

Gegen fünf ruft Senne an. Ich frag sie, wie's in Köln steht. – „Woher soll'n ich das wissen?"

Sie ist also gar nicht im Imbiss. Mistet ihren Schrank aus. Sagt, sie hat ein total geiles Spitzentop gefunden, in das sie wieder reinpasst. Und ob ich kommen könnte und sie beraten. „Du weißt doch, Mel, ich muss jetzt klamottenmäßig 'n bisschen auf der Höhe sein."

Das reicht. Ich schicke Rob eine Simse, dass ich mich auf den Weg zu ihm mache. Regnet nur schon wieder. Also lasse ich das Fahrrad stehen und gehe zur Bahn. Das letzte Mal, dass ich diese Strecke fuhr, war am Tag des ULFs. Kommt mir vor wie Jahrhunderte her, damals dachte ich noch, Schule sei das Größte und ohne Rob würde ich sterben. Und dann saß da Boro.

Wird einfach nichts aus solchen Illusionen. Aus Mamas ja sowieso nicht, aber offenbar lag ich auch ganz schön daneben. Verdammt, wieso läuft bei anderen immer alles so glatt? Senne, die in diesem Moment ihre Garderobe für die gemeinsame Zukunft mit Christian Schulz zusammenstellt. Und der Chef wird eines Tages Lynn heiraten und die Baufirma seines Onkels übernehmen.

Da ist wieder dieser neue Laden an der Hauptstraße. Champions Catering. Haben als Einzige noch Licht an, das Werderweiß flackert auf der Leuchtreklame wie Sternenscheiße.

„Hast du was gegessen?", fragt Rob, als er mir aufmacht. Wir warten die Werbepause der Sportschau ab. Dann setzt er einen Topf mit Wasser auf und legt zwei Curry-Kings hinein.

Später hören wir in seinem Zimmer Musik. An der Pinnwand erkenne ich Fotos wieder, von denen wir früher beide Ausdrucke hatten. Sind aber auch neue dazu gekommen, zum Beispiel eins, auf dem er neben Kaya sitzt, im Hintergrund eine riesige Leinwand.

„Sag mal, ist das nicht Christian Gross?", zeige ich auf einen Glatzkopf, von dem offenbar gerade ein Interview gesendet wurde, als das Foto entstand.

„Klar, weißt du noch? Das Hinspiel der Quali, diese Who-the-fuck-is-Basel-Sache?"

„O Mann, und dann hat unsere eigene Abwehr einen auf Schweizer Käse gemacht."

„Komm, es war ihr zweites Spiel. Das hat ihnen damals sogar der blöde Reif zugute gehalten. Personeller Aderlass, hat der gesagt. Dass Werder immer erst die jungen Talente aufbauen muss, während andere praktisch von Beginn an aus dem Vollen schöpfen."

„Der Reif ist 'n Arschloch. Soll der doch die Bayernspiele kommentieren."

„Und wer liefert uns dann solche Sprüche? Van Damme!", Rob schüttelt sich vor Lachen, „unser designiertes Moorhuhn!"

„Jaja", winke ich ab. „Und Micoud ist 'n Stimmungsspieler."

„Du hast es also auch gesehen."

„Schon. Obwohl ich streckenweise nicht hingucken mochte."

„Hör mal, ich hab mich bis zur Siebzigsten hinter 'nem Pfeiler versteckt! Von da sah ich immer nur, wie Willi Lemke die Hände überm Kopf zusammenschlug."

„Wie, kommt der auch ins Leagues Inn?"

„Nee, das war damals im Ostkurvensaal."

Ich gehe näher an das Foto ran. „Wusste gar nicht, dass du da auch guckst."

„Ach, das war nur 'ne Zeit lang. Weißt du, Ostkurvensaal, das ist fast wie Stadion. Nur viel intimer. Die sind da alle irgendwie 'ne große Familie. Aber auch erbarmungslos am Motzen, wenn's mal nicht so läuft."

„Und wieso gehst du jetzt nicht mehr hin?"

„Weil jetzt das Leagues Inn angesagt ist. Und Kaya fand auch die Luft da nie so prickelnd. Du weißt schon, wegen der Raucherei."

Noch einmal gucke ich mir das Foto an. Sehen irgendwie niedergeschlagen aus, die beiden. Kann sogar sein, dass Rob einen Arm auf ihrer Schulter hat. „Ihr wart ja doch mal zusammen!", sage ich und strahle künstlich.

Er kratzt sich am Bein. Dauert lange, bis er weiterredet: „Wenn du das als zusammen bezeichnest: zwei Fans, die nach einer Niederlage gefrustet durch die Stadt ziehen?"

Immerhin, würde ich am liebsten sagen, nach der Schlappe gegen Herta bist du mit mir nicht durch die Stadt gezogen. Aber Rob ist gerade die pure Verzweiflung.

„Mel!" Er stemmt bedeutungsvoll die Finger gegeneinander. „Da war nichts. Echt. Die Kaya ist nur …"

„Ich weiß, 'ne andere Liga."

„Quatsch! Aber sie ist irgendwie … ja, gut drauf. Hat überhaupt nichts damit zu tun, dass sie 'n Mädchen ist. Du weißt doch, wie beschissen es mit dem Chef läuft."

Ist ja gut. Ich finde den Gedanken, er könnte mit ihr rumgemacht haben, gar nicht mal schlimm. Im Gegenteil, jemand wie sie und das in einer Zeit, in der Senne behauptet, Rob wäre der totale Bubi! Dabei kann die doch Kaya nicht das Wasser rei-

chen. Mal angenommen, die beiden hier hätten damals wirklich miteinander ..., dann könnte ich Senne, wenn sie wieder so einen arroganten Spruch macht, sagen, dass Rob schon wesentlich hochkarätigere Frauen hatte als sie Typen. Jedenfalls bisher.
Ich hab noch nie Wodka Red Bull getrunken. Schmeckt irgendwie pervers, aber nach dem ersten lass ich mir glatt nochmal nachschenken. Wir sitzen auf dem Boden, die Rücken ans Bett gelehnt. Muss aufpassen, dass ich mein Glas nicht umkippe. Stelle es lieber auf den Schreibtisch. Beim Wieder-Hinsetzen plumpse ich gegen Robs Arm, ups!
Ob er auch schon was merkt? Seine Augen klimpern mich an wie Bambi. „Sag mal, neulich", beginnt er, der Ton plötzlich so ernst, dass ich eine Gänsehaut kriege – will er mich rausschmeißen? Doch er konzentriert sich nur. Pult sich an den Fingern rum und sagt: „Als wir darüber sprachen, dass ... naja, dass wir auf einem gewissen Gebiet ja beide noch totale Frischlinge sind. Ich meine, hast du dir das mal durch den Kopf gehen lassen? Also, dass ja eigentlich auch du und ich ...?"
Er braucht gar nicht weiterzureden. Mein Verfallsdatum ist ohnehin längst am Ablaufen. Und nur gut, dass Rob das genauso sieht.
Also lehne ich mich sanft bei ihm an. Aber Entspannung ist irgendwie nicht mehr. Kriege es mit der Angst zu tun. Je eher daran, je eher davon, hat meine Oma immer gesagt, wenn wir beim Zahnarzt saßen, deshalb los jetzt!

Ich habe eigentlich noch nie jemanden so geküsst wie Rob. Ist im Nu wieder wie damals, nur dass niemand um uns herum Tor-Tor! brüllt. Bloß nicht ans Stadion denken! Ich hab mit meinen Klamotten zu tun. Jeans, die wir uns robbend von den Beinen pellen, verdammt, wie machen die das, dass im Film immer alles so glatt wirkt?

Werde ruhiger, als seine Hand über meinen Bauch fährt. Rob hat das Licht ausgemacht. Im Hintergrund läuft etwa zum fünfzehnten Mal *Dry Your Eyes*. Der HipHop, den er sonst hat, sagt er, ist für das hier zu hart.

Ich weiß nicht, wie so ein Gummi funktioniert. Aber ist auch egal. Ich hab genug Zeit, das noch zu lernen. Im Moment zählt nur, dass ich nicht länger über das Jetzt! und Endlich! und Ist-es-das-auch-wirklich? nachdenke. Lege ihm zaghaft die Hände auf den Rücken. Und von da an abwärts. Dünne Härchen auf seinen Pobacken, die dadrunter sind gleich viel borstiger.

Ich glaube, dass er manchmal erschauert, kommt von meinen Berührungen.

Er atmet mir laut ins Ohr. Ist okay, man kann ruhig laut sein. Und auch immer mutiger. Kaum was, das einen bremst.

Also das ist es! Dass man sich plötzlich so grenzenlos fühlt und stark wie Herkules! Deshalb tun die ganzen Arschlöcher, als wären sie auf einmal Helden, ich glaub, von jetzt an können die mich.

Hat einen feuchten Rücken. Und Wangen, die richtig nass sind. Später, als er den Fleck sieht, kneift er sich besorgt in die Unterlippe. „Hey", beruhige ich ihn. Ja, gibt's denn das? Selbst meine Stimme klingt auf einmal erwachsener!

Dann trinken wir Cola. Die Nachtlinie fährt um Viertel nach. Rob steigt einfach so in seine Jeans, über den Oberkörper streift er sich ein Sweatshirt. Ob ich ihn noch einmal umarme? Mensch, was sind wir denn jetzt eigentlich?

Auf dem Gehweg steht eine Litfaßsäule mit einem neuen Poster von Botanika. „Guck mal, geile Werbung", schwärmt er und sagt, dass er später, wenn das mit seiner Ausbildung erst geklappt hat, am liebsten auch Gestaltung machen würde. „Ist natürlich ein Gebiet, das alle wollen. Aber ich glaub, wenn ich mich da reinknie, könnte ich richtig gut sein."

„Da bin ich mir ganz sicher", sage ich und würde am liebsten noch stundenlang über später reden. Doch in der Kurve tauchen schon die Lichter der Bahn auf.

„Mach's gut."

„Ja, du auch."

Ich glaube, wir sind nicht zusammen. Allerdings dreht er sich, als er wieder über die Straße geht, noch einmal um und winkt mir zu.

Hab ein Dröhnen im Kopf. Und einen Gaumen wie mit Lack versiegelt. Kein Mensch ist mehr auf der Straße. Selbst im Champions Catering haben sie jetzt die Innenbeleuchtung aus. Gerade fährt ein Moped über den leeren Vorplatz davon. Bestimmt hat der Fahrer versucht, noch was zu essen zu kriegen.

Weiß nicht, wie ich es Senne sage. Überhaupt den anderen. Merken die, dass plötzlich was neu ist? Mama brauche ich heute zum Glück gar nichts mehr zu sagen. Nicht einmal, wo ich bis jetzt war. Als ich in unsere Straße einbiege, brennt in ihrem Schlafzimmer schon kein Licht mehr.

Öffne die Tür unten möglichst leise. Obwohl das schwierig ist, weil das Schließgeräusch durchs ganze Treppenhaus schallt. Dann erstmal die klimpernden Schlüssel ordnen. Verdammt, irgendwo zieht es hier! Ich kann mich gar nicht so schnell umdrehen, da ist die Tür mit einem gewaltigen Knall zugefallen.

„Hey, Melanie!" Im Ausgang zum Hof steht Scholle und grinst. „Du hättest doch nur überall einmal klingeln brauchen, dann wär jetzt auch das ganze Haus wach."

„Scheiße, was machst du da?"

Er reißt die Hände hoch wie in ein Foulspieler, der Angst vor Gelb hat. Dann zeigt er auf die mit der Zigarette. „Auch eine?"

Wie viele denkwürdige Ereignisse gibt es im Leben einer Frau? Konfirmation, die erste Hochzeit, vielleicht noch für manche die Abifeier, aber in jedem Fall gehört doch das erste Mal dazu. Heute war mein erstes Mal. Eine, vielleicht zwei Stunden ist es her, dass ich keine Jungfrau mehr bin. Und jetzt stehe ich hier, mit Scholle in unserem dunklen Hinterhof, und rauche Gauloises blondes.

„Hey!", sagt er, auf einmal ganz begeistert. „Hättest du vielleicht Lust, noch was zu trinken? Ich hab zufällig Wodka Red Bull!"

„O Gott, mir wird schlecht."

„'tschuldige! Wie, du gehst schon?"

„Ich muss."

„Na dann?" Dreht sich wieder ins Dunkle. Aber nochmal kurz zurück. „Träum was Gutes."

„Danke", murmele ich. Und obwohl das eigentlich an den Falschen geht: „Du auch."

18.

Irgendwie reißt einen so eine WM im eigenen Land ja doch mit. Da kann man noch so sehr Vereinstyp sein oder DFB-Feind – ich meine, welcher Bremer hat damals nicht gedacht, die hätten nicht mehr alle Latten am Zaun? Wir, die Double-Gewinner, und werden kein Austragungsort! Kriegen als Trostpreis dieses Lala-Spiel gegen Südafrika. Die WM, so haben wir das doch lange hier gesehen, die könnte ebenso gut in Mesopotamien stattfinden.

Und jetzt kommt man doch noch in den Sog. Grinsen einen ja mittlerweile auch von jeder Bäckertüte an, die Lachfratzen von der Fifa. Und die Zeitungen bringen täglich Riesenberichte, viel mehr jedenfalls, als damals über Japan. Aber kann auch sein, dass ich das mit zwölf noch nicht so mitbekommen hab.

Die Holländer, behauptet der Chef am Montag, die machen es dieses Mal. Gegen Robben und van Persie, da kann sich unser Schweini-Poldi-Duo warm anziehen. Und sogar Ronaldinho.

„Außerdem haben die Goudas Kannibalen in ihrem Team", sagt Jenny, und der Chef, mit einer Stimme wie der Wolf im Bett der Großmutter: „Haitinga."
Durch die Bank ziehen wir Kotzgesichter. Der Chef nickt zufrieden. Aber dann kratzt er sich die Stirn. „Sagt mal, wieso hab ich bei euch Mädchen eigentlich ständig das Gefühl, dass es euch gar nicht um Fußball geht?"
„Hallo?"
„Wieso steht zum Beispiel keine von euch auf Jurica Vranjes? Immer lauft ihr nur diesen smarten Typen hinterher, die in jeder Porsche-Werbung mitspielen könnten und die schärfsten Weiber abschleppen. Aber von Leuten wie dem Vranjes oder auch Pasanen, die ja nun echt was für uns reißen, da schwärmt ihr nie."
„Komm, geh mal Nikotin tanken", sagt Lily und er macht sich vom Acker – war wieder ein gelungener Auftritt.
Seit ein paar Tagen verbringen wir Mädchen die Pausen fast immer zusammen. Muss an Kaya liegen und ihrer Idee mit der Party. Jeden Tag kommen neue Vorschläge für das Motto oder das Programm, sogar die Olsens beteiligen sich schon an der Planung. Obwohl ich bei denen nicht genau weiß, sind sie wegen der Veranstaltung dabei oder weil sie Kayas Klamotten so geil finden. Die kauft nämlich fast alles bei Kult.
„Wisst ihr, was ich mir überlegt habe?", fragt sie zum Auftakt unserer heutigen Pausenrunde. In der letzten Woche hat Kaya sich als echtes Organisationstalent erwiesen. Sie denkt einfach viel krea-

tiver als jemand, der sich wie ich immer nur zwischen den Kategorien Dinkel- oder Roggenbrötchen bewegt. Für Kaya sind eben Schokocroissants an der Tagesordnung. Aber ihr Vater trägt ja zu Hause auch nicht den Beinamen Volltrottel. Ehrlich, ich würde sofort mit ihr tauschen, selbst wenn sich mein Wunsch Nummer zwei eines Tages erfüllen sollte und Paps es zum Geschäftsführer bei Tep & Tap brächte.

Schon am Freitag haben wir beschlossen, dass das Thema für den Dreizehnten – Abschlussparty hin oder her – nur ein einziges sein kann: das Saisonende. Die Olsens haben leicht rumgemurrt, weil sie bei Fußball noch nicht so gut durchblicken. Und Senne, ausgerechnet Senne, unser ehemaliger Mops, der Sportveranstaltungen bisher entweder boykottiert hat oder als Schnecke durchs Ziel kroch, auf einmal war sie die Einzige neben den Olsens, die auch für uns Mädchen ein Fußballturnier wollte. (Natürlich nur, um allen zu zeigen, wie dünn und sportlich sie geworden ist.)

Saisonrückblick bedeutet – da hat der Chef schon Recht – vor allem einen Austausch über die optischen Kriterien der Spieler, was soll man lange über die Tabelle reden? „Und damit das nicht so öde wird", sagte Kaya also am Freitag, „wird jede von uns bis zur Party eine Beschreibung ihres Lieblingsprofis erstellen. Aber nicht jetzt über seine fußballerischen Qualitäten, das nervt ja, ihr schreibt auf, wie ihr ihn als Mann seht oder – besser noch – als euren nächsten Lover!"

Die meisten von uns quietschten schon jetzt vor Begeisterung. Aber dann machte Kaya den zusätzlichen Vorschlag, die Zettel

– natürlich ohne den Namen des Favoriten darauf zu vermerken – in einen Topf zu werfen und unsere Jungen jeweils einen davon ziehen zu lassen. „Und der kriegt das dann vorgelesen, exakt so, als wäre er gemeint. Obwohl in Wirklichkeit vielleicht gerade Laura den erotischen Hinterkopf von Alex Meier beschrieben hat. Oder Wendy das Aufreißerlachen von Roque Santa Cruz."
Es war ein heilloses Gekreische. Kann sein, dass ich Samstag doch gleich zu Anfang hingehe.
Heute ist Kaya ernster drauf. Sieht man schon an der Art, wie sie sich beim Reden konzentriert. „Also, mal von der Party abgesehen ...", sagt sie und selbst die Olsens warten gespannt.
Ich kann mir Kaya so richtig gut in der Marketingabteilung eines aufstrebenden Bremer Handelsunternehmens vorstellen. Obwohl ihr Notenspiegel gerade nicht darauf schließen lässt, dass sich ihr Traum von einem BWL-Studium in absehbarer Zeit erfüllt.
Sie sagt: „Fakt ist doch, dass die meisten von uns ihren Freund auf der Stelle zum Mond schießen würden, wenn wir statt dessen einen wie Andreasen haben könnten oder Hunt oder von mir aus auch Schulz. Und woran scheitert das dauernd?"
Allgemeines Stirnrunzeln. Außer bei Senne. Die reibt sich im Geist die Hände.
„Na, ist doch klar! Weil die praktisch alle schon mit fünfzehn heiraten! Van der Vaart, zum Beispiel: Mann, mit zweiundzwanzig! Glaubt ihr etwa, die schöne Sylvie hat den wegen seiner Hasenzähne genommen? Oder wegen seines edlen Charakters? Da geht's doch

nur um Kohle! Und um Publicity. Eigentlich kann man sogar sagen, dass Fußballer emotional auf die Schnauze fallen müssen, so lange die sich auf solche oberflächlichen Beziehungen einlassen."

„Sag mal, worauf willst du eigentlich hinaus?"

„Lena, als du letztes Jahr so in Valdez verschossen warst, was war da dein größter Wunsch?"

„Mit ihm Hand in Hand durch Oberneuland zu ziehen!", schwärmt Lena. „Damit er sich hier zu Hause fühlt und nicht zu irgendeinem Scheißverein wechselt."

„Na, bitte! Sind doch total die edlen Absichten! Nix mit Kohle oder Rampenlicht. Ich sag euch, Leute, wenn wir das irgendwie rüberbringen könnten, dass es uns aufrichtig um das Glück der Spieler geht, dann hätten wir gegen die riesige Meute aus Zicken echt was in der Hand."

Jenny lutscht an ihrem Zeigefinger. Ein paar andere drehen sich Nester ins Haar.

„Man muss natürlich originell sein. Kein Profi steht auf langweiliges Hi! oder Hier-bin-ich!, das hören die jeden Tag. Aber denkt mal an diese Hundert-Schulen-hundert-Vereine-Sache. Wenn wir uns für etwas in der Art bewerben, ich meine, im Grunde sind wir ja auch für den ganzen Scheiß, sportliche Förderung und gegen Gewalt und das. Aber zusätzlich bieten wir denen was an, das die in dieser Form bestimmt noch nie gehört haben: Wir versichern ihnen, dass wir uns zu einhundert Prozent für das persönliche Glück der Spieler einsetzen."

„Geil!", sagen einige von uns spontan.

„Vielleicht machen wir 'ne hübsche Mappe oder so was. Da müsste dann aber vorne jemand echt Knackiges drauf sein."

„Mel!", sagt ausgerechnet Senne.

Und ich: „Nee, niemals!"

„Oh, komm, Mel! Du kriegst 'nen Becher mit 'nem dicken Strohhalm, das sieht original aus wie Heidi Klum bei McDonald's."

Ist mir peinlich, wie jetzt ein paar anfangen, meinen Namen zu rufen. Sogar die Jungen hinter dem Zaun werden darauf aufmerksam. Rob tritt gerade seine Zigarette aus und linst zu uns rüber. Bestimmt denkt er, ich hätte ihnen von ihm und mir erzählt. Und dass sie mich jetzt feiern, sozusagen im Kreis der Entjungferten. Dabei habe ich bisher niemandem was erzählt, nicht einmal Senne. Bin überhaupt nicht dazu gekommen, so sehr hat sie mich wieder mit ihrem Schulz-Gerede überrannt. Heute beim Training will sie das Date mit ihm klarmachen. Ich wünschte, ich könnte mich bei Rob auskotzen, aber der verkriecht sich, als bekäme ich noch hundert Euro von ihm anstatt eines einfachen Winks, dass unsere Sache vorgestern okay war.

Mama sagt, Gesa will mich sprechen. Ich kann mir schon denken, warum. Mein Interesse an ihrem Laden, in dem ich bald ein Drittel meines Daseins fristen muss, war in letzter Zeit nicht gerade euphorisch. Wahrscheinlich verlangt sie jetzt eine Art Schwur von mir. Dass ich auch wirklich gerne komme – uarg!

Vielleicht habe ich es einfach nicht besser verdient. Vielleicht war ich in meinem letzten Leben Feudalherrscher oder Puffmutter im amerikanischen Bürgerkrieg und meine einzige Aufgabe ist es, dieses Mal zu lernen, wie man kleine Brötchen backt. Wie sonst kann es angehen, dass ich auf allen Gebieten immer nur die Arschkarte ziehe, während andere fröhlich an ihrer Zukunft basteln, jetzt auch noch im Club der aufrichtigen Spielerfreundinnen?

Senne ist heute gar nicht erst in der Schule. Schwelgt wahrscheinlich noch in ihrem Dating-Koma. Soll mir recht sein. Je weniger ich davon mitkriege, umso besser. Aber in Mathe kommt der Bechtlow und fragt, ob ich heute bei ihr rumfahren kann. Er braucht dringend noch zwei Entschuldigungen von ihr. – Ja. Scheiße.

Ich schicke ihr nachmittags eine Simse. Weiß nicht, ob sie die kriegt, kommt keine Rückmeldung. Gegen Abend schwinge ich mich aufs Rad, um im Imbiss einen Zettel für sie abzugeben.

„Melanie! Ein Segen!" Ihre Mutter zieht mich hinter den Tresen und von dort weiter zur Treppe. „Kannst du mit Senne sprechen? Die ist seit gestern so komisch."

Ich finde sie in einem Berg aus leeren Chipstüten und den Papierresten mehrerer Celebrations-Mischungen. Hat Ringe unter den Augen. Als ich näher komme, sackt sie noch tiefer in ihren Müll und zieht ein Heulgesicht.

War nix mit Schulz. Er hat sich geirrt. Früher hatte er mal eine Mitschülerin und von der, dachte er, sei Senne die kleine Schwester. Deshalb also die Frage nach dem Terrier. Diese Leute aus

Bassum, die hatten nämlich auch einen, vielleicht sogar aus demselben Stamm.

„Ist das nicht traurig?", jault Senne. „Er meinte gar nicht unseren Otto!" Ich denke, au weia, demnächst abonniert sie die *Ein Herz für Tiere*.

Setze mich zu ihr. Bonbonhüllen knirschen unter meinem Hintern. „Ach komm", sage ich, „der Typ wäre doch sowieso viel zu alt für dich. Sieben Jahre!"

„Na und? Boro ist zehn Jahre älter als du!"

„Um den geht's doch schon lange nicht mehr."

„Wenn du dich nicht darum kümmerst?"

„Häh?"

„Du hättest ja nur 'n paar Mal öfter hingehen müssen."

„Und dann?"

„Und dann!" Sie funkelt mich an, als hätte ich einen unserer Stürmer erschlagen. „Echt, Mel", schüttelt sie aber gleich darauf den Kopf, „wie kann man nur so naiv sein?"

„Und wie kannst du nur immer glauben, du hättest in allem die dicke Ahnung?"

„Hab ich doch gar nicht." Fällt wieder in sich zusammen. Schaufelt in ihrem Bonbonpapier. „Ich hab seit gestern zwei Kilo zugenommen."

„Dann suchst du dir eben 'nen schicken Freund und vögelst dir das wieder ab."

„Ih, bist du fies! Geh lieber."

„Kein Problem. Wenn du mich dafür mit deinen Weisheiten verschonst."

„Was denn für Weisheiten?" Ich steh eigentlich schon in der Tür, da ruft sie: „Sag doch mal!"

Kehre wieder um. Aber nur, weil ich an morgen denke. Schule, die Party Samstag, sind schon noch einige Sachen, bei denen wir es miteinander zu tun haben. Ich sage: „Weißt du, wie scheiße man sich fühlt, wenn einem die beste Freundin nur noch so von oben herab kommt? Ehrlich, du und deine Marc-Romanze! Mit etwas Nachdenken, ich meine, wenn mich das ernsthaft interessiert hätte, dann wäre ich schon von alleine drauf gekommen, dass Sex schlank macht, da hättest du nicht so 'n Quiz veranstalten brauchen."

„Was redest'n du da?"

„Das is' mir echt zu blöd", schüttele jetzt ich den Kopf. Aber sie lässt nicht locker, guckt, als wüsste sie wirklich nicht. Ich fluche: „Tss! Da fragt man ehrlich und aufrichtig, wie du es geschafft hast, so viel abzunehmen, und was krieg ich als Antwort? 'n blödes Augenrollen, so nach dem Motto, mach du erstmal meine Erfahrungen. Soll ich dir was sagen? Ich hab deine Erfahrung inzwischen gemacht! Ja, stell dir vor, ich hab's längst auch getan! Aber gehe ich deshalb vielleicht los und behandle die anderen wie dumme Puten?"

Sieht nach einer Gesichtslähmung aus, so wie Senne der Kiefer runterhängt. „Aber das hab ich doch gar nicht!", lamentiert sie schließlich. „Dass ich damals so nach oben geguckt hab, das sollte bedeuten, naja, weil ich doch so glücklich war! Mann, diese Sache mit Marc, ich hab immer nur an ihn gedacht, zu essen brauchte ich da so gut wie nichts mehr. Ehrlich Mel, das hab ich gemeint!"

Ist das legitim? Sie ist verknallt und anstatt mir das schlicht und einfach mitzuteilen, glotzt sie verträumt nach oben?

„Aber erzähl doch mal!", rüttelt mich Senne.

Ist es nicht! Hätte ja sonst was sein können, das sie so beknackt in die Luft starren lässt – ein neuer Hund, dass ihre Mutter vorhat wieder zu heiraten, was weiß ich! Wenn es um wichtige Dinge geht, macht man nicht solche dämlichen Anspielungen. „Was ist denn?", zische ich, weil sie immer noch an mir rumzerrt.

„Nun sag schon, wer ist es?"

„Wie, wer ist es?"

„Mann, mit wem du's getan hast!"

„Ach, nicht so wichtig. 'n Bubi, würdest du sagen."

„Quatsch, niemals!"

„Egal. Ist schon 'ne Weile her."

„Und Rob?"

„Was, Rob?"

„Na, ihr versteht euch doch wieder. Läuft da was?"

„Nee."

„Schade."

„Willst du mich verarschen? Vor zwei Wochen hast du noch gesagt, der hätte keine Ahnung."

„Ich hab gesagt, *die* haben keine Ahnung. Aber eigentlich meinte ich den Chef. Rob ist ja gar nicht so ein Angeber. Im Grunde finde ich den sogar richtig nett."

Ich auch, denke ich beim Aufstehen. Nur dass er mich total gelinkt hat. Füllt mich mit Wodka ab, um mich flachzulegen, und danach? In seiner Nähe komm ich mir ja schon dünner vor als die Luft auf dem Himalaya.

Fahre nach Hause und sage Mama, die mir schon wieder wegen Gesa in den Ohren liegt, jaja. Dann nehme ich mir das Telefon und gehe aufs Zimmer. Er ist sofort dran.

„Wenn ich was Ätzendes an mir habe", beginne ich ziemlich angefuckt, „also, ich fänd's fair, du würdest mich langsam mal aufklären."

„Mel!" Kann ihn atmen hören. Redet wie ein spuckender Wasserhahn: „Das ist ja 'ne Überraschung! Ich ... hab grad an dich gedacht."

„Tatsächlich?"

„Ja! Ich hab das neue Werder-Magazin!"

„Das gab's gestern schon."

„Und? Hast du den Artikel über Hunt gelesen? Du magst doch Hunt."

„Glaubst du, ich rufe an, um mit dir über Aaron Hunt zu reden?"

„Weiß nicht, der Bericht über das Nordderby ist auch klasse."

Ich sage: „Das Fladenbrot heute am Pausenkiosk, das war klasse."

„Wirklich? Ich hab mir gar keins geholt."

„Ich mir auch nicht."

Funkstille. Ist das sein Japsen? Ich sage: „Vergiss es", und drücke auf Rot.

Dauert keine zehn Sekunden, bis er zurückruft: „Tut mir Leid, ich rede wie ein Trottel."

„Nein!", brülle ich aus lauter Panik, ich könnte in die Fußstapfen meiner Mutter treten.

Rob scheint das aufzubauen. Er sagt, klar sei es doof, so wie wir aneinander vorbeilaufen. Nur habe er jedes Mal, wenn er sich vornehme, mich anzusprechen, ganz plötzlich Sand in der Stimme. „Weißt du, unser Abend neulich, also, ich steh seitdem total neben mir. Die ganze Zeit muss ich an dich denken. Dabei war ja alles nur ein Deal, ich meine ...", verzweifeltes Keuchen. „Ich bin nicht so abgeklärt, Mel. Für mich ist das irgendwie mehr."

Bis morgen früh, denke ich. Ich könnte bis morgen früh so auf dem Bett liegen und ihm zuhören. Schön wäre, wenn jetzt noch das Fenster offen stünde und die laue Mailuft käme herein. Aber demnächst, wenn die Fischleute ausziehen, dann kann ich ganze Abende lang bei offenem Fenster liegen und mit ihm reden oder, besser noch, er kommt vorbei. Dieser Sommer wird Wahnsinn!

„Mel, bist du noch dran?"

„Nicht aufhören", sage ich. „Ich hab zum ersten Mal das Gefühl, dass was Gutes passiert."

„Ehrlich?"

„Absolut."

Tiefes Seufzen. Und nach einer Pause: „Da ist noch was."
„Erzähl."
„Ich hab 'ne Lehrstelle."
„Nee!"
„Doch, echt! Am ersten August fange ich an. Wie findest du das? Dann sind wir beide im Beruf."
„Uah!"
„Komm, das wird schon. Immerhin verdienen wir da Geld. Und wenn wir Urlaub machen wollen, dann können die uns mit ihren blöden Schulferien. Mel?"
„Ja?"
„Ich freu mich auf morgen."
„Ich mich auch."

19.

> *Endlich!*
> Venus und Mars meinen
> es wieder gut mit Ihnen.
> Noch in dieser Woche wird
> sich Ihr Traum von der
> großen Liebe erfüllen.
> Besonderer Glückstag:
> dreizehnter Mai.

Ich fand Horoskope immer die volle Verarschung. Aber das hier schneide ich aus und stecke es mir sogar ins Portmonee. Bin die Erste an der Schule. Hab mächtig Schiss, die anderen könnten blöde Bemerkungen machen oder ein Pfeifkonzert, wenn sie uns wieder als Paar sehen. „Diese aufgewärmten Sachen", hat Yasmin mal gesagt, „das ist wie Leute, die zum Freimarkt gehen, um da Kettenkarussell zu fahren."

In der gewohnten Reihenfolge trudeln die aus der Klasse jetzt ein. Schließen ihr Fahrrad an, sagen mir hallo. Von Rob fehlt selbst beim Gong noch jede Spur. „Hast du das Foto von Hunt gesehen?", fragt Jenny mich oben. „Rattig, was?"

Mathe geht vorbei. Dann kommt der Murphy. Holt einen Satz Zettel raus – Vokabeltest. Aber da wird die Tür noch einmal geöffnet. Seine Augen brauchen mich nicht mal zu suchen, die wussten schon draußen, wo ihr Ziel ist.

„O-o!", frotzelt Senne in der großen Pause. Robs Arm liegt sicher auf meinen Schultern. Ich tapse neben ihm, dorthin, wo die Jungen immer rauchen, an den planenden Mädchen vorbei. Yasmin sieht mich und zieht listig die Nase kraus. Ist fast wie ein Segen, ich gehe gleich viel aufrechter.

Das Turnier am Samstag soll gegen sechs sein. Klar gucken wir erst noch das letzte Spiel zusammen. Auch wenn's jedes Jahr bitterer wird, danach die vielen Wochen ohne. Toto will mit dem Schlusspfiff aufhören zu rauchen. Was die Entwöhnung angeht, sagt er, ist das ein Abwasch. Und der Lutscher hat schon das Geld für eine neue Dauerkarte zusammen. Rob wirft mir einen fragenden Blick zu. – Was denn, wir auch? Mann, Wahnsinn!

„Leute", sagt der Chef, „wir treffen uns dann immer im Taubenschlag. Die Spiele gucke ich in der Loge. Ihr wisst schon …"

„Jaja, dein Onkel, der Bauunternehmer."

„Nur kein Neid", säuselt er und gähnt, ich weiß nicht zum wievielten Mal heute.

Schule bietet echt null Raum für Privatsphäre. Den ganzen Vormittag über, irgendwer quatscht einen immer an oder steht in der Nähe. Robs Hand hat zwar einen festen Platz auf meiner Hüfte gefunden, aber für mehr sind wir hier draußen anscheinend noch nicht wieder reif. Denke im Minutentakt an letzten Samstag, unsere Körper dicht an dicht und die ganze Zeit sein weicher Mund. Von wegen Kettenkarussell. Mir genügt ein leichter Druck seiner Finger und ich hab das Gefühl, ich sitze im Cyber Space.

„Sehen wir uns heute Abend?" Endlich. Ich war drauf und dran, ihm die Luft aus den Reifen zu lassen, so sehr hab ich auf die Frage gewartet. „Ich ruf dich nachher an", sagt er, da trottet auch der Chef herbei.

„Mellie!", singt der und beugt sich gequält zu seinem Schloss runter. Ich sage: „Wieso gähnst du eigentlich die ganze Zeit?"

„Musst du deinen neuen-alten King fragen."

Rob zieht ein Gesicht wie Tiramisu, so sehr scheint ihn die Bezeichnung zu rühren. Und ich: „Wieso? Habt ihr euch denn gestern noch getroffen?"

„Getroffen?", quäkt da der Chef. „Ich würde eher sagen, es war 'ne Heimsuchung! Bis zwei Uhr hing der Kerl bei mir rum. Natürlich nur, um von dir zu schwärmen."

„Klar", sage ich und sehe zu, dass ich loskomme. Muss wirklich aufpassen, nicht so zu werden wie meine Mutter. Die hätte sich jetzt garantiert vor Rob aufgebäumt und ihn zur Rede gestellt, weshalb er unsere Wiedervereinigung mit dem Chef feiert und nicht mit mir.

Die Gemüsestäbchen sind von einer Seite total schwarz. Aber kein Wort darüber, Papa ist sowieso schon am Boden. Als Mama vorhin von Lestra kam und das Ticket für die AOL-Arena sah, das Paps sich

von seinem Freund Holger hat mitbesorgen lassen, begann gleich wieder das Du-bist-es-doch-gar-nicht-wert-Drama. Mann, dreißig Euro für eine lächerliche Eintrittskarte und mein Dad sitzt da wie ein Schwerverbrecher! Ich hoffe, sie fegen die Doll-Truppe Sonnabend vom Platz. Ich hoffe, das verleiht Papa Flügel oder ungeahnte Kräfte und er kommt als Terminator nach Bremen zurück.
Rob meldet sich erst um sieben. Sagt, er hat drei Stunden gepennt, aber jetzt könnte er Bäume ausreißen. „Beim Chef findet noch 'n Meeting statt. Hast du Lust?"
Ich frage: „Weißt du, wie teuer 'ne eigene Wohnung ist?"
„Ouh!"
„Keine Angst! Ich hab nur das Gefühl, ich halt's hier nicht mehr lange aus. Sag mal, wie viel verdienst du eigentlich beim Weser-Kurier?"
„Weser-Kurier?"
„Na, in deiner Ausbildung."
„Die mach ich doch bei den Stahlwerken."
„Was?"
Er dachte, er hätte mir das erzählt. Ist nachgerückt, weil ein anderer ausgefallen sei und jetzt hätten die ihn angerufen, auf eine uralte Bewerbung hin.
„Aber du wolltest doch Mediengestalter werden."
„Ach, Scheiß drauf."
„Scheiß drauf? Letzten Samstag hast du noch davon geschwärmt, wie toll es wäre, mal richtige Werbung zu machen."

„Dann mach ich halt was anderes. Hauptsache nicht mehr zur Schule."

„Du kannst doch nicht einfach einen Beruf nehmen, den du gar nicht willst!"

„Komm, Mel, das musst du gerade sagen!"

„Aber das ist was anderes! Deine Eltern unterstützen dich. Ich wette, die hätten nicht mal was dagegen, wenn du Abitur machst."

„Poah, lieber gehe ich zur ENO!"

Ich sehe auf die Straße und versuche mir vorzustellen, wie Rob hinten von einem Müllwagen abspringt und zwei große, schwarze Tonnen heranzerrt. Geht zum Glück nicht. Passt viel besser an einen Bildschirm. „Dass du das mit der Zeitung einfach so aufgibst", sage ich und komme mir schon wieder vor wie meine Mutter.

Er sagt, er würde nachher wirklich gerne beim Chef vorbeigucken. Ob ich um acht an der Ecke sein könnte. – Ja, gut.

Soll ich noch duschen? Hab heute schon. Die teure Lotion, die Mama mir zum letzten Weihnachten gekauft hat, damit ich auch mit fünfunddreißig noch keine Orangenhaut kriege – ich habe mich jeden Morgen so sorgfältig damit eingerieben, dass selbst meine Socken schon den Duft von spritzigen Mangos verströmen, und dann war doch nie was. Wird auch heute nix sein außer ein bisschen Händchenhalten beim Chef. Noch dreimal schlafen bis zu meinem Glückstag. Ich hätte schon viel früher auf Horoskope vertrauen sollen, vielleicht hätte mir das eine Menge Frust erspart.

Papa ist mal wieder im Keller. Ich nehme mir eine von seinen Marlboros und gehe in den Hof.

„Hast Stress?", fragt Scholle, der gerade einen Karton zu seinem Anhänger trägt.

„Wie kommst'n darauf?"

Er setzt die Kiste ab und deutet auf meine Zigarette.

„Ach so, nee. Ist nur alles irgendwie komisch. Die Leute ticken aus wegen ihrer Berufswahl und so."

An der Klappe hinten entdecke ich einen Sticker mit zwei weißen Cs drauf, der Untergrund ist grün. „Ich bin echt froh", sagt er, „dass ich das Problem noch nicht habe."

Hätte nie gedacht, dass ich Scholle mal um was beneiden würde. Er könnte Englisch Leistungskurs machen, wenn er wollte. Vielleicht sogar mal was in der Richtung studieren. „Wie lange seid ihr denn noch hier?", frage ich.

„Dienstag. Wir machen nur noch die Events am Wochenende. Und dann den Umzug."

„Events?"

„Naja, die Essen, die wir da liefern."

„Ach, ihr habt auch 'n Partyservice!", geht mir jetzt ein Licht auf. „Aber dann hättet ihr den Laden doch behalten können."

„Das antike Ding?" Mit einem Lächeln dreht er sich zum Haus um. Andächtig, fällt mir dazu ein. Und sein Ton hat was Zurückhaltendes: „Ach nee. Der neue ist viel moderner."

„Moment mal, sagtest du nicht, dein Vater sei arbeitslos?"

„Mein Vater ist Koch."
„Aber du hast damals *auch* gesagt. Ob mein Vater auch arbeitslos wär, hast du gefragt."
„Da meinte ich wohl, weil so viele hier ihren Job verlieren. Meine Eltern sind ja selbstständig."
„A-ha?"
Er beugt sich über den Anhänger, um den Karton festzuspannen. Trägt eine nagelneue Energie-Jeans, das Label ist bestimmt nicht geklaut. „Dass du manchmal diese komischen schwarzen Hosen anhast ..."
„... gehören zu meinem Kellnerdress", sagt er, noch bevor mir das Ausmaß meiner blöden Bemerkung klar wird. Kriege trotzdem einen roten Kopf, zumal er sich jetzt von dem Gefährt wegdreht und noch auf irgendwas von mir zu warten scheint.
Ich such mir einen Punkt zum Ablenken, am besten irgendwo auf Knöchelhöhe, genau: der Aufkleber in Werderfarben! Und dann dämmert es mir allmählich: „Sag mal, das Champions Catering, seid ihr das?"
Scholle streicht sich den fransigen Pony aus der Stirn und guckt verblüfft. „Ich dachte, das wüsstest du."

20.

„Lasst uns jetzt mal den Spielplan machen", sagt Owo und nimmt sich den Block, der schon die ganze Zeit vor uns auf dem Teppichboden liegt.
„Wie denn, wenn wir nicht wissen, wen wir auf die freien Positionen setzen?"
„Dann muss eben Jens mitspielen." Der Chef kommt gerade mit einer neuen Rutsche Bier herein. Mir will er noch ein Beck's Lemon geben, aber ich winke ab und sage: „Wieso fragt ihr nicht Kayas Freund, ob er mitspielt? Oder den von Josie?"
Rob wiegt so begeistert den Kopf, als hätte ich soeben die Relativitätstheorie widerlegt. Owo meint, man sollte sowieso rumfragen, wer von den anderen Typen noch Bock habe zu kicken.
„Leute, auf die Zukunft!", beschließt da der Chef und Vale knallt seine Flasche so schwungvoll gegen die anderen, als hätte er einen Ausbildungsvertrag bei der EU. Dabei muss er noch ein Jahr Schule nachholen, um überhaupt die Mittlere Reife zu kriegen.

Ich will eigentlich aufstehen und los. Aber Rob legt mir eine Hand aufs Knie. Dauert nur noch ein paar Minuten, die letzte Flasche. Vorhin, als der Chef gerade mal wieder Nachschub holte und die anderen aufs Klo liefen wie Busreisende während einer Pinkelpause, hat er gefragt, ob es okay sei, wenn wir noch blieben. Sicher, habe ich geantwortet. Immerhin war ich eine Viertelstunde zu spät an der verabredeten Ecke. Ich sah ihn schon von weitem. Owo wartete neben ihm. Die beiden rauchten und traten dabei von einem Bein aufs andere und ich dachte eine Sekunde lang, was, wenn ich einfach wieder umkehre? Aber dann ging ich weiter und Rob strahlte übers ganze Gesicht. Bis zum Haus des Chefs waren es nur noch ein paar Grundstücksbreiten. Der machte uns auf und schloss mich in die Arme wie einer, der seine frisch gebackene Schwiegertochter willkommen heißt.

„Könntest du das denn morgen in Erfahrung bringen?", fragt er mich jetzt.

„Was?"

„Na, wer von den Mädchen alles einen Freund dabei hat."

„Ach so, ja."

Er guckt genauso ungläubig wie der Bechtlow, wenn wir auf seine Frage, ob wir Mathe verstanden haben, nicken. „Ja, mach ich", versichere ich deshalb noch einmal. Ich war wirklich nicht besonders aufmerksam heute Abend. Habe regelrecht abgeschaltet, wenn sie anfingen, über die starken Jobs zu reden, die Rob und der Chef und auch Owo bald haben werden. Und nie wieder bekackte Schule, von

den paar lästigen Blöcken mal abgesehen. Vorhin im Hof hat Scholle mir erzählt, dass er nach dem Abi am liebsten ein freiwilliges Jahr im Ausland machen würde. Spanien oder England, was die Sprachen betreffe, da habe er es sicher in beiden Fällen nötig. „Aber wenn du dich später in deinem Beruf spezialisierst", fügte er kleinlaut hinzu, „dann brauchst du ja meistens nur noch eine richtig fließend."
Ich hab an der Hauswand gelehnt und in die Wolken geguckt, die ganz leicht und weiß nach Bremen-Ost weiterzogen. Hat man eigentlich bessere Karten, wenn man in Borgfeld aufwächst oder in Oberneuland? Ich bin sicher, dass die Quote derer, die zu beruflichen Eignungstests gehen, dort wesentlich höher ist als bei uns. Hier interessieren sich die Leute allenfalls für Castingshows. Trotzdem kriegen auch ein paar von uns ihre Chance. Sieht man ja an Scholle. Mann, bis vor wenigen Stunden hab ich ihn für das typische Opfer von Hartz vier gehalten und jetzt erweist er sich als waschechter Unternehmersohn, im Grunde sogar noch mit besseren Aussichten als Kaya. Immerhin sitzt er seit Jahren fest im Sattel der Schule, zu der sie sich erst noch mühevoll den Zugang erkämpfen muss.
Das Champions Catering ist nicht etwa ein blödes Fake, so wie all die Jahrmarktsbuden mit dem aufgemalten, grün-weißen W an der Blende. Scholles Eltern sind tatsächlich Event-Caterer. Und der Kunde, auf den sie besonders stolz sind, ist Werder. Mir hat's fast den Boden unter den Füßen weggerissen, als er sagte, neulich, das Mannschaftsessen in Brinkum, das hätten sie ausgerichtet. Und ich Idiot habe damals angefangen vom Leagues Inn zu schwärmen und

wie toll ich da immer mit den Profis abhänge. Scholle wusste gleich, dass das erfunden war. Er kennt nicht nur den Privatwagen jedes einzelnen Spielers, wahrscheinlich könnte er sogar ein Buch darüber schreiben, wer von denen sich wo nach Feierabend herumtreibt.
„Kommst du, Mel?" Rob wartet schon mit unseren Jacken über dem Arm in der Tür.
Wir sind die Ersten, die gehen. Ich glaube, Owo wollte auch gerade, aber Rob gab ihm ein Zeichen, dass er uns einen Vorsprung lässt.
Die Luft draußen ist frisch und klar. „Was meinst du, nehmen wir den Weg durch den Park?"
Ich bin seit dem ULF nicht mehr in dem schmalen Waldstreifen entlang der Schrebergärten gegangen und um diese Zeit sowieso noch nie. Rob schiebt mein Fahrrad, mit der freien Hand hält er meine. Sagt, der Abend müsse enorm langweilig für mich gewesen sein, aber er habe es klasse gefunden, dass ich dabei war. – „Ist doch total okay."
„Hältst du mal?" Er weist auf den Lenker, damit ich übernehme, und geht einige Schritte durch altes Laub. Als wir damals zusammen waren, hätte er sich nie getraut, in meiner Gegenwart zu pinkeln. Und wahrscheinlich hätte ich vor lauter Verlegenheit auch nur blöd rumgekichert.
Klingt, als würde er den Waldboden zurück auf Fußspitzen überspringen, vielleicht sind da Sträucher. Ich gehe bereits langsam weiter, als Rob auf einmal die Arme um meinen Körper schlingt und mich festhält. Sein Atem ist tief und warm.

Gibt es so was, eine Bombe, die in einem tickt, es fehlt nur ein einziger Griff und da geht sie los? Ich kriege kaum mein Rad so schnell aus den Händen, wie ich zu ihm herumfahren und mich an ihn drücken möchte. Muss mich bücken, damit es nicht brutal auf den Weg scheppert, aber macht nichts, je weiter ich mich von ihm entferne, seinem Mund, der schon in der Luft nach mir schnappt, desto größer wird die Anziehungskraft, die von ihm ausgeht. Scheuere meinen Rücken unter seinen Händen, die zuerst schüchtern sind, aber mit der Zeit genauso gierig wie meine. „Wir können doch nicht ...", sagt er leise. – „Wir können alles", hauche ich und auf einmal ist das auch wieder so; dieses Wahnsinnsgefühl, ein Feuerwerk abzubrennen, ich hab seit Tagen darauf gewartet und wusste es nicht mal!

„Du bist irre", sagt er beim Weitergehen und ich denke, irre wäre es, jetzt einfach nicht nach Hause zu kommen. Der ganze Scheiß, der da wieder über mich hereinbricht, und Rob hat sich seine Zukunft auch mal anders vorgestellt. Doch vielleicht ist es auch größenwahnsinnig, alles auf einmal zu wollen. Mein Glückstag ist schließlich erst Sonnabend.

21.

Josie sagt, sie weiß nicht, ob es einen Profi gibt, für den sie ihren Freund verlassen würde. Der Leon vielleicht, der sei genauso ein Schnucki wie der junge Beckham, nur ohne dieses Affige. „Ach nee", ziert sie sich in der Pause aber, „ich mach da nicht mit."
„Komm, los", redet Lena auf sie ein. „Dann tu's wenigstens für die anderen."
„Oder schreib Hunt auf", sagt Jenny. „Und wenn er dich sehen will, gehe ich."
„Toll. Dann können wir uns ja gleich auf drei oder vier Spieler einigen und die mit Briefen überschütten." Yasmin war von Anfang an gegen das Einhundert-Prozent-Glück-Projekt. „Oder glaubt ihr, sobald der Ivan mal Zoff mit seiner Frau hat, sucht der sich gleich meinen Brief raus und lädt mich zum Kroaten ein?"
„Dein Problem, wenn du auf Verheiratete stehst!"
„Wieso? Die Charly steht doch auch auf Naldo!"

„Senne, wirst du jemandem schreiben?", fragt Kaya jetzt und es klingt etwa so einfühlsam wie Besuchen-Sie-noch-das-Trauerseminar?
Senne sitzt am äußeren Rand unserer Gruppe auf einer Bank. Kann sein, dass die Akustik nicht reicht und sie deswegen still bleibt. Allerdings hat sie auch gerade ein doppeltes Kasslersandwich mit Burgersauce beim Wickel und haut furchtbar rein. Gehe mal zu ihr rüber. Rob verbringt die Pause sowieso hinter dem Zaun. Wir treffen uns heute bei mir.
„Und?", frage ich leise. „Immer noch Frust wegen Schulz?"
„Weiß nicht." Ihr läuft gerade ein fetter Tropfen Sauce über die Finger. Zum Glück hat Senne für so was grundsätzlich ein paar Imbissservietten dabei. „Der Ralf will mich mit zum HSV nehmen."
„Ehrlich? Und da zögerst du?"
„Bringt doch nichts", sagt sie frustriert. „Ich meine, ich kann auch hier jeden zweiten Samstag ins Stadion rennen und den Christian anhimmeln, aber wozu?"
„Weil du ihm dann nahe bist."
„Witzig."
„Im Ernst! Du musst dir das Weserstadion wie ein riesiges Wohnzimmer vorstellen. Und wenn er spielt, dann bist du immerhin mit ihm im selben Raum."
„Ach, Scheiße!" Sie wischt sich mit dem Handrücken über den Mund. „Ich glaub, ich hab einfach zu viel Aschenputtel gelesen. Dabei war ich so nah dran. Weißt du, was das Schlimmste ist?

Dass es tausende andere gibt, die viel dünner sind als ich und auch viel besser aussehen. Ich brauche doch nur in der Halbzeit aufs Klo zu gehen, wie sie da vor den Spiegeln hängen und sich die Lippen nachmalen, gegen die hab ich doch nie 'ne Chance."
„Deshalb ist ja unser Glücksprojekt auch so wichtig."
„Du glaubst doch nicht im Ernst, dass uns irgendjemand darauf antwortet."
„Ach, Senne." Ich lehne mich gegen die warmen Holzlatten und strecke die Beine aus. „Inzwischen glaube ich, dass die einfach nur ihren Job machen wollen. Kann ja sein, es schmeichelt ihnen, wenn wir denen massenweise zu Füßen liegen. Aber ist es nicht auch lästig, immer und überall diese Horden von Mädchen, die man sich vom Hals halten muss?"
Sie packt den Rest ihrer Mayoschnitte ein. „Wie machst du das nur?"
„Was?"
„Na, so zu denken. Wo du es echt hättest schaffen können. Mann, Boro! Unser Flaggschiff! Aber anstatt dich an ihn ranzumachen, erzählst du mir was von Fußballerseele und lästigen Fans. Wie kannst du nur so vernünftig sein?"
Ich denke, die Frage müsste eher lauten, wie es mir gelungen ist, meine peinlichen Auftritte vorm Weserstadion bis heute für mich zu behalten.
Jetzt beißt sie doch wieder ab. Scheint gerade ein besonders saftiges Stück erwischt zu haben. „Wenn ich nochmal so eine Chance

hätte", schmatzt sie, „ich würd sofort 'ne Fastenkur machen."
Scholle hat gestern von einer Mitschülerin erzählt, die ihm einen blasen wollte, wenn er sie zu einem Cateringtermin bei Werder mitnähme. Ich hab mich nicht getraut zu fragen, wie der Deal ausgegangen ist. Auch nicht, über was für ein Spektrum an sexuellen Erfahrungen Scholle inzwischen verfügt, eingeschleust hat er jedenfalls schon viele auf diese Events. „Wenn du willst, kann ich dich auch mal mitnehmen", meinte er. Und weil ich schon wieder rot wurde wie eine Partyleuchte: „Doch nicht so! Ich dachte nur, vielleicht hast du ja mal Lust, dem Joe oder Boro einen Garnelenspieß aufzulegen. Vor der Sommerpause haben wir sie allerdings nur noch am Samstag."
Dass es ein unheimlich nettes Angebot sei, bedankte ich mich bei Scholle. Aber auch total naiv zu glauben, man käme ernsthaft mit einem Profi in Kontakt, nur weil man den einmal bedient habe. Dann müssten ja die Verkäuferinnen hinter der Käsetheke bei Extra oder Spar auch alles Spielergattinen sein.
„Seh ich genauso", sagte er. „Aber du weißt ja, wie manche Mädchen sind."
Er wünschte mir noch einen schönen Abend. Ich lief nach oben, wo ich mich aufs Bett fallen ließ und das Gesicht lange, lange im Kissen vergrub. Mann, nochmal! Ich hätte alles ganz bequem anschieben können. Erster, zarter Kontakt und den dann Stück für Stück ausbauen. Aber ich musste ja zum Training rennen! Wie ein blöder Groupie hab ich mich aufgeführt und mir sämtliche Optionen mit einem albernen, grünen Gummi-Armband versaut.

„Hast du nicht auch manchmal Angst", sagt Senne jetzt, „dass die wichtigen Leute aus Bremen weggehen könnten?"

„'türlich! Permanent!"

„Weißt du", sie putzt sich nochmal den Mund. „Ich frag mich oft, was wohl passieren müsste, damit wir Fans nicht immer so am Zittern sind. Das Einzige ist doch, dass Werder genauso gut wird wie Barça oder von mir aus auch der AC. Dann könnten die uns alle mit ihren blöden Angeboten. Oder besser noch, die würden vor *uns* zittern. Stell dir das vor, wir kaufen Eto'o. Oder diesen Kaká. Ha, da möchte ich mal den Hoeneß sehen!"

„Ich glaub nicht, dass Schaaf und Allofs das auch noch gebacken kriegen."

„Wieso? Die sind doch 'n Erfolgsteam."

„Ja, aber überleg mal, wo die uns schon hingebracht haben. Dieser ganze Fun, den wir durch Werder erleben, das ist doch alles nur, weil die sich seit Jahren dafür abrackern. Eigentlich ja für uns Fans."

Senne nickt andächtig. „Oder die Spieler", sagt sie nach einer Weile. „Wenn die nicht immer nur nach den Stammplätzen geiern würden. Ich meine, was ist schlecht daran, der Ersatz für einen wie Micoud zu sein? Oder Frings. Bei den Bayern sitzen ja auch manche 'ne ganze Saison auf der Bank, ohne dass da gleich mit Weggang gedroht wird."

„Dann müssten die in Werder aber mehr einen Zielverein sehen und nicht nur 'ne Station nach oben."

„Also doch so werden wie Barça."

„Bloß nicht, die sollen bleiben, wie sie sind! Wer sonst könnte uns denn so ein Feuerwerk liefern wie neulich das gegen Juve?"
„Ein Kracher!", schwärmt Senne. „Ich seh jetzt noch das dumme Gesicht von diesem Buffon. Da heißt es immer, Werder spiele den attraktivsten Fußball der Liga. Aber nach dem Abend hab ich mich echt gefragt, wieso eigentlich nur Bundesliga. Ich meine, welcher andere Club in Europa geht denn sonst noch so zur Sache wie wir?"
„Eben. Deshalb wird sich das mit dem Respekt auch von ganz alleine regeln. Und schließlich, wir haben ja nicht nur Spieler, die wegwollen. Da gibt's ja auch 'ne Menge, die Werders Qualitäten zu schätzen wissen."
Senne seufzt nur. Als würde ihr dabei ein langes, schmachtendes Schuuulz über die Lippen gleiten. Aber dann reckt sie sich. Und zeigt auf den Eingang zur Pausenhalle. „Guck mal, wie die heute wieder rumlaufen."
Sie meint die beiden Ätzfrauen aus der Neun, die gerade rauskommen und mal wieder komplett in Grün-Weiß gekleidet sind. Für uns heißen sie die Ultras, weil sie manchmal so brutales Zeug von sich geben wie sonst eigentlich nur Ultras, dann allerdings auf die gegnerische Mannschaft bezogen.
Diese beiden, ich glaube sie nennen sich Kurve und No Merci, fluchen grundsätzlich über unsere eigenen Spieler. Sie haben seit Menschengedenken eine Dauerkarte und kaufen natürlich auch Champions League nur im Block. Aber egal, wie gut Werder sich

zeigt, für sie gibt es immer was zu meckern. Am Tag nach Barça, zum Beispiel, da wünschten sie lauthals die Hälfte unseres Teams auf den Mond. Oder zu Ajax, denn dort seien schließlich schon andere großkotzige Stürmer prima untergegangen.
Selbst der Chef sagt von ihnen, dass sie ätzend sind. Weil sie null Respekt vor wahrem Einsatz haben. Gerade Barça, meinte er damals, das sei doch schon lange vor der dreizehnten Minute klar gewesen, dass unsere Leute auf dem Rasen total die Probleme hatten. Der Lutscher sagt, es gebe eine ganze Menge solcher Großmäuler. Meistens Leute, von denen schon der Opa immer ins Stadion gerannt sei, ab einer gewissen Generation würden solche denken, der Verein gehöre ihnen. „Mit denen brauchst du auch gar nicht zu diskutieren. Die wissen sowieso viel besser als alle anderen, wer wann hätte eingewechselt werden müssen. Armer Thomas Schaaf!"
Heute trägt Kurve ein Top, das wie ein abgeschnittenes Trikot aussieht und ihr kaum bis über die Brust reicht. „Was die wohl tun würden, um mal mit einem Profi zusammenzukommen", überlegt Senne.
„Wahrscheinlich Bodypainting. Überall, wo sonst der Bikini sitzt, nur ein großes W. Und wenn sie es schaffen, einen abzufischen, dann erzählen sie am nächsten Tag, was für ein Schlappschwanz er ist."
Wenigstens lacht sie schon mal. Ich sage, sie solle ruhig mit nach Hamburg fahren, schon allein aus Vereinstreue. „Und wenn Boulahrouz, die Kanalratte, unseren Miro von den Beinen holt, dann schleuderst du ihm ein paar kalte Schnitzel um die Ohren."

„Vielleicht ist es ja auch der Scheiß-HSV", meint sie da nachdenklich. „Dass ich zu dem einfach nicht gerne nach Hause will. Ist eben was anderes als unser Vergnügungstempel."

Mein Fenster ist offen. Ich kann die frische Luft förmlich riechen. Ist komisch, bis gestern habe ich mich gefreut, dass die Fischleute endlich das Feld räumen, und jetzt kommt es mir vor, als sei die Menschheit in zwei Hälften aufgeteilt: die eine, die sich erfolgreich nach oben arbeitet, und die andere, die es einfach nicht aus den Slums herausschafft.
Wir liegen auf dem Bett und gucken Marienhof. Rob hat ganz locker einen Arm um meine Schultern, einmal ist er eben schon eingenickt.
Mama kommt bestimmt nicht vor neun. Sie wollte vorhin wieder rumstressen, weil ich mich immer noch nicht bei Gesa gemeldet habe. Aber dann klingelte es und kurz darauf hüpfte Rob auch schon die Stufen zu uns hoch. Da nahm Mama ihre Jacke und verschwand zu einem Seminar für Typberatung, zu dem sie ursprünglich mal mich angemeldet hatte.
„Und wenn du einfach nochmal beim Weser-Kurier anrufst?", frage ich ihn vorsichtig. „Vielleicht können sie dir ja 'ne Garantie oder so was geben, dass du die Ausbildung nach dem Jahr Schule sicher hast."
„Mel", knurrt er und ich weiß, einen Teufel wird er tun. Geht am ersten Achten zu den Stahlwerken und guckt mal, wo die ihn hin-

stecken. Ich würde mich erheblich besser fühlen, wenn wenigstens einer von uns seine Ziele verfolgt.
Aber jetzt Scheiß drauf. Die Soap ist zu Ende und er hat offenbar auch Bock. Schiebt seine Hand schon viel selbstbewusster unter mein Shirt als gestern. Blödes Handy, das gerade klingelt. Und noch blöder, dass er rangeht.
„Aldder, wass'los? ... Wie, der Lutscher auch? Gegen die Mannschaft von Jens? ... Logo bin ich dabei. So inner Dreiviertelstunde."
Anderthalb Tüten Chipsfrisch später will ich mir eigentlich nur noch einen Finger in den Hals stecken. Ich frag mich, ob mir vielleicht ein Gen fehlt, weil ich mich kein bisschen besser fühle, nachdem ich gerade so in mich reingestopft habe. Scheine aus einem einzigen schweren Klotz zu bestehen. Und dann, ohne zu überlegen – das heißt, doch, ein Gedanke schießt mir schon durch den Kopf, nämlich der, dass Mama gleich zurück sein wird, sie wird bestenfalls sagen, wie gut der Kurs war und wie viele Anregungen sie da zur Optimierung meines Äußeren mitgenommen habe, und dann wird sie wieder auf das leidige Thema Gesa kommen und ich werde antworten: Ach, leck mich doch, deinetwegen bin ich ja nicht mal in der Lage, meinem Freund zu sagen, wenn er sich scheiße verhält!
Nach kurzer Überlegung also, wälze ich mich aus dem Bett. Cola ist bestimmt nicht mehr da. Werde mich bei Senne hübsch damit abfüllen, wer weiß, vielleicht kennt sie ja einen Trick, wie man durch Völlerei seinen Beziehungsfrust loswird. Und in Zukunft stopfen wir dann synchron in uns rein.

Ihre Mutter winkt mich durch zum Wohnzimmer, wo Senne – was sonst – gerade zu Abend isst.

„Was machst du denn da?", rufe ich und meine nicht, dass sie auf dem Sofa sitzt und DSF guckt, ich meine den Teller mit frisch geschnibbeltem Gemüse auf ihren Beinen.

„Hey!", strahlt sie und klopft ungeduldig auf den Platz neben sich. „Ich wollte mich nachher auch noch bei dir melden. Stell dir vor, es ist was Wunderbares passiert: Der Marki hat angerufen."

22.

Ich brauch dringend 'ne psychologische Beratung. Weiß beim besten Willen nicht, wie ich die Zicke in mir noch kleinhalten soll. Rob kam heute Morgen schwer verliebt auf mich zu, so mit ausgebreiteten Armen und total glücklichem Smile, und ich, obwohl ich mir das doch immer wünsche, genau diese Art von Begrüßung, hab das Gesicht zur Seite gedreht und ihm nur die Wange hingehalten.
Jetzt gehen wir nebeneinander nach unten in die Pause. Aber nicht mal Smalltalk. Er hat längst auch gemerkt, dass was nicht stimmt und schlägt von sich aus den Weg auf die andere Seite des Gebäudes ein. Der breite Betonpoller, auf dem wir manchmal gesessen haben, wenn wir vor Ausflügen auf den Bus warteten, liegt noch im Schatten.
Rob versteht nicht, dass ich sauer bin, weil er gestern so mir nichts, dir nichts los ist zum Training. „Du hast doch selbst gesagt, ich soll fahren!"
„Schon. Aber gewünscht hab ich mir, dass du bleibst."

„Und woher soll ich das wissen?"

„Ich dache, das wäre irgendwie klar."

„Mel." Sein Ton hat was Pädagogisches. „Du sagst ja und meinst nein. Und jetzt bist du mir böse, weil ich das getan hab, was du gesagt und nicht gemeint hast. Machst du das immer so? Und wenn mal wieder so was ist, soll ich dann gleich das Gegenteil von dem tun, was du sagst?"

„Ich möchte nur nicht dauernd herumkeifen." Mein Güte, wie ich piepse! Noch zwei, drei Sätze von ihm, so wie der eben, und ich heule los.

Doch er sagt: „Wieso denn keifen? Du brauchst mir doch nur 'n Tipp zu geben, wenn was für dich nicht okay ist. Und dann finden wir schon 'ne Lösung. Muss doch für uns beide passen!"

Wahrscheinlich hab ich ein ziemlich kaputtes Bild von Beziehungen. Andererseits kann ich mich beim besten Willen nicht daran erinnern, dass Mama es jemals bei einem Tipp belassen hätte, wenn ihr was nicht passte. Ich kenne nur Auf-keinen-Fall oder Kommt-überhaupt-nicht-in-Frage, da traut sich doch niemand mehr, noch was zu sagen. Man entwickelt sich entweder zum Volltrottel oder man fürchtet, genauso zu werden wie sie. Dabei hat Rob ja Recht! Es gibt durchaus noch was dazwischen.

Heute Abend, sagt er, hat er ganz viel Zeit für mich. Aber erst ab neun. Bis dahin muss er auf Clausi, seinen Bruder, aufpassen.

„Und wenn ich zu euch komme? Da hat doch der Claus bestimmt nichts dagegen."

„Clausi", korrigiert er. Merkwürdig, bisher habe ich immer angenommen, das sei nur ein Kosename. Aber Rob meint, das sei es auch. Nur leider nicht für Claus. Getauft hätten sie den Kleinen damals auf den Namen Claudio, blöderweise.

Zurück legt er mir wieder einen Arm um die Schultern. Ist auch so schon viel wärmer, man braucht nur um das Mehrzweckgebäude herumzugehen und steht voll in der Sonne. Lohnt sich nicht mehr zu den anderen. Rob will gucken, ob für Montag schon der Vertretungsplan hängt. Ich husche ins Mädchenklo, wo es beißend nach irgendeinem Prollduft riecht. Weiter hinten, in den Kabinen, haben wahrscheinlich wieder x Leute geraucht.

„Dieser Musterknabe!", höre ich jemanden zwei oder drei Türen neben mir. „Versteh nicht, dass sie den die ganze Saison über so hochjubeln."

„Ja, echt", ruft da eine von gegenüber, „zumal der wochenlang verletzt war."

Klar, die Ultras! Hören nicht mal beim Pinkeln auf, unsere Spieler schlecht zu machen. Und auch als sie nach vorne gehen, zu den Waschbecken, wird ihr Ätzton kein bisschen leiser. „Die Neue von meinem Vater", sagt Kurve abfällig, „die schwärmt ja auch für Boro. Aber was weiß so eine schon von Fußball?"

Sie meckern immer weiter, auch als ich dazu komme, um mir die Hände zu waschen. Dass Boro nur ein Vorzeigeprofi sei, behaupten sie, so aalglatt und diszipliniert. Das Spiel machten, wenn überhaupt, doch andere.

Ich ziehe zwei oder drei Papiertücher aus dem Spender und dehne meine Schultern zu einem Panzerschrank. „Und gegen Holland?", fauche ich zur Seite.
Kurve starrt erst mich an und dann No Merci.
„Wer hat denn den Ausgleich damals vorbereitet? Echt, ihr habt so einen Vollknall! Immer auf unseren besten Spielern rumzuhacken! Aber wahrscheinlich ist Distanzschuss für euch auch ein Fremdwort. Weil ihr mit eurem Spatzenhirn zu dämlich seid, endlich mal umzuschalten."
Gucken beide, als wäre in ihren Köpfen die Software ausgefallen.
„Ach komm", sagt No Merci schließlich und zieht Kurve mit nach draußen. „Die ist ja voll verknallt in den!"

Neun Uhr. Ich lehne am Bettkasten, auf den Beinen einen Collegeblock. Muss noch eine Profibeschreibung machen, für das Partyspiel morgen. Vorhin rief Rob an, dass es jetzt doch etwas später wird. Clausi übernachtet bei einem Freund. Da sei er schnell nochmal zum Leagues Inn, trainieren für das Turnier. „Du bist doch nicht sauer, oder?"
„Und was heißt später?"
„Ach, höchstens 'ne halbe Stunde. Soll ich dir 'n paar Nuggets mitbringen?"
Ich weiß echt nicht, woher die alle den Drive nehmen. Hab meinen Stift schon vor einer Weile weggelegt und glotze jetzt auf das leere Blatt. Ob ich das von ihr geerbt habe? Nie mit was zufrieden zu sein?

Mann, nochmal! In weniger als einer halben Stunde kommt mein Freund. Morgen steigt ein riesiges Fest bei Kaya. Und ich sitze hier und kapituliere vor einem schlappen Partyrätsel.

Ich glaube, für die Beschreibung nehme ich keinen Werderaner. Obwohl ich mir vorhin wieder sämtliche Interviews von Boro rausgesucht habe. Wollte sie wohl nochmal lesen, als eine Art Abschied von einem völlig bescheuerten Mädchentraum. Für mein Spielerporträt käme er sowieso nicht in Frage. Muss mich ja nicht noch lächerlich machen, jetzt wo alles vorbei ist. Was eigentlich?

Timo Hildebrand finde ich süß. Obwohl man das hier nicht mehr sagen darf, nicht nach dem Heimspiel letztes Jahr im August. Und war ja auch blöd, wie er neben dem Tor rumgezickt hat und seinen Anlauf vor jedem Abstoß mindestens dreimal berechnet – Owo hätte in der Zeit einen Home-Run geschafft! Trotzdem hat Hildebrand was total Zartes. Ich könnte als Erstes seinen putzigen Mund beschreiben, der scheinbar nie ganz zugeht, und dann seine leuchtend blauen Augen.

Wow, SMS! Ist von Rob: „Hi, Mel, wir können den Platz noch 'ne Stunde länger haben. Magst du nicht hier vorbeikommen?"

Vielleicht sollte ich Paul Freier zu meinem Schwarm erklären. Und anschließend melde ich mich fürs Kloster. Das würde die Probleme mit einem Schlag lösen. Ich brauchte mich nicht mehr über Jungen zu ärgern, die mich permanent versetzen, und beruflich wäre auch alles paletti.

Schmeiße den Block auf den Boden und gehe nach unten. Schade, dass Senne vorhin wieder so doof war. Klar fährt sie auf einmal mit zum HSV. Und – ach, stimmt ja! – danach natürlich zur Party. „Du, ich weiß noch nicht, wann ich da aufschlage. Lass dich einfach überraschen." – Ich meine, spielen wir auf einmal Kai Pflaume oder was?

Ist noch richtig warm draußen. Normalerweise würden bei dem Wetter jetzt die Fischkartons vor sich hinstinken. Aber in der Küche des Delikatessenladens hängen inzwischen nicht mal mehr die Leisten mit den tausend Kellen an der Wand.

„Hi!" Es ist Scholle. Ich sage: „Na? Willst noch wo hin?"

„Nö. Ich hab dich hier stehen sehen. Magst du rauchen?"

„M-m."

Er muss aufpassen, dass er sich nicht den Pony verbrennt. Wenn er sich nach unten beugt, reichen ihm manche Strähnen bis zur Nasenspitze. „Und?"

Zucke nur mit den Achseln. In seiner Klasse, sagt er, hätten auch gerade ein paar Leute den Blues. „Weißt du, die waren so sicher, dass sie nach der Zehn abgehen wollten. Aber allmählich kriegen sie voll das Fracksausen. Was machst du eigentlich danach?"

O nee, jetzt bloß hier kein Geständnis! Zucke lieber nochmal.

„Hast du denn 'ne Richtung?", fragt er. „Irgendwas, wo du besonders gut bist?"

„Witzig, das wollte die Tante von der Berufsberatung damals auch wissen."

„Und?"

„Ich hab ihr gesagt, dass ich Sprachen mag. Da meinte sie, vielleicht Reisebüro."

„Mh." Zieht die Nase hoch wie bei madigem Fisch. „In dem Fall wäre doch Schule irgendwie angesagter, oder?"

„Können wir vielleicht das Thema wechseln?"

„Klar, 'tschuldige."

Mama hat mal gemeint, wenn einer sich entschuldigt, soll ich bitte sagen. Aber Papa entschuldigt sich mindestens achtmal am Tag und sie selbst zischt dann immer nur wie eine Klapperschlange.

„Ich geh mal wieder rein", sagt Scholle. „Muss noch Geschirr einpacken. Das morgen wird ein richtiges Großevent."

„Du hast es gut", murmele ich und denke zuerst gar nicht an die Wahnsinnsleute, die er da zu sehen bekommt. Ich denke nur, dass bei ihm grundsätzlich alles viel runder läuft.

„Wie meinst du das?"

Hab ihn eigentlich schon drinnen vermutet. „Ach, nur so. Bin wohl gerade etwas genervt."

„Dann mach doch mal was Verrücktes."

„Wow, ja, auswandern!"

„Weiß ich nich'. Aber wenn du morgen Bock hast? Ehrlich, du kannst mitkommen!"

„Du meinst, zu den Profis? Und dann?"

„Keine Ahnung. Du darfst dich natürlich nicht als Fan zu erkennen geben. Aber wenn du mit einem Tablett durch die Reihen gehst und

denen was anbietest, also, das ist schon anders als irgendwo eine von Tausenden zu sein. Außerdem sind die alle total nett."
„Ach, lieber nicht."
Dann geht er rein und ich glotze in den Himmel. Ist kohlrabenschwarz. Ich denke, viel schlimmer als das, was Scholle gerade mal wieder angerissen hat, also die Möglichkeit, Boro doch noch zu treffen, was ich natürlich hübsch sein lassen werde – ich mache mich doch nicht zum Oberaffen! – jedenfalls viel schlimmer als das hat mich heute Morgen der Spruch von der blöden No Merci getroffen. Voll verknallt in den! Wieso kann ich nicht einfach nur müde grinsen, wenn mir das einfällt? Wieso muss ich mich jedes Mal schütteln, um es wieder aus meiner Birne rauszukriegen? Ehrlich, Rob ist so ein Arschloch. Seitdem er mich wieder mal verladen hat, schüttele ich mich praktisch in einer Tour. Ist richtig beängstigend. Ich fürchte, selbst wenn Elijah Wood morgen bei uns klingeln würde und Druck machen, ich solle mich mit dem Packen beeilen, selbst dann noch würde ich beim Davonreiten meine Wange an den Stoff einer Zehntausend-Dollar-Jacke drücken und heimlich von Boro träumen.
Das schönste Foto von ihm ist das auf der Werder-Homepage, direkt über seinem Fragebogen. Hole es mir, als ich wieder oben bin, gleich nochmal auf den Schirm. Ob ihm jemand gesagt hat, dass Braun die Top-Farbe für ihn ist? Er spricht doch viel mit Freunden und Verwandten, das hat er doch in einem Interview letztes Jahr beschrieben. Moment mal, ich hab's säuberlich in eine Prospekthülle gepackt, ge-

nau, da steht, nach Niederlagen, da telefoniert er meistens mit seiner Familie oder mit Freunden, die das Spiel auch gesehen haben.
Mein Handy brummt. Rob schreibt: „Mache mich jetzt auf den Weg. See you in 30 min."
Ich lese den Absatz wieder und wieder. Wieso eigentlich Familie oder Freunde? Die anderen Spieler schreiben doch auch alle immer was von Frau oder Freundin. Und wenn er wirklich nur scheu ist? Ich meine damals, nach seinem Hammertor gegen Südafrika, zu wem ist er denn da hingelaufen, um das zu bejubeln? Er wusste doch zuerst gar nicht, wohin mit seinen Armen. Und um den Hals eines Dusel-Bayern konnte er sie ja wohl kaum schlingen, dafür ist er ein viel zu Sensibler. Hat statt dessen das Publikum geehrt, zumal im eigenen Stadion, na bitte, er will doch was mit der Öffentlichkeit zu tun haben, nur ist er absolut kein Draufgänger!
Ich schreibe Rob, dass ich schon geschlafen habe. Und reicht doch auch, wenn wir uns morgen sehen. Dann gehe ich runter, die Tür zum toten Fischladen ist nur angelehnt. „Psst!"
Scholles Kopf fährt sofort herum. Muss blinzeln, so grell wie das Neonlicht von den Fliesen strahlt.
„Hast du vielleicht doch mal 'ne Zigarette?", frage ich. Und dann draußen, total ahnungslos: „Sag mal, wenn du zu diesen Veranstaltungen jemanden mitbringst, merken die das nicht, dass man nicht fest dazugehört?"
„Wie denn? Wir sind da manchmal an die fünfzehn Leute."
Ich spitze die Lippen. Soll aussehen, als würde ich meine Samstage

normalerweise im Salomon's verbringen und nicht auf öden Fußballerpartys.

„Hey", sagt er da aber und klopft mir auf den Rücken. „Du hast es dir überlegt! Und ich dachte schon, du wärst total resistent gegen so was."

„Ich will wohl einfach nur mal was anders machen", sage ich und füge im Stillen hinzu: an meinem Glückstag.

23.

Bin erstaunlich ruhig, als ich am Samstag um kurz vor fünf aus dem Bad komme. Aber kann auch sein, dass die neue Beinlotion mit Kreosotbusch-Extrakt was Lähmendes hat, meine Waden fühlen sich an wie in Plastiktüten.

Mama erkennt mich kaum wieder. Sie vergisst sogar ihr Dauernervthema Gesa, so entzückt ist sie von meiner gepflegten Erscheinung. Habe ziemlich alles benutzt, was unser Beautytresor hergibt. Jetzt verströmt der Duft von spritzigen Mangos selbst in unserem muffigen Flur schon einen Hauch Südseearoma.

„Ach, Kind", seufzt sie gequält. „Und das alles für eine normale Klassenparty. Wenn du dich doch einmal für einen wichtigen Termin so zurecht machen würdest."

„Und dann?"

„Glaub mir, niemand, der in der Öffentlichkeit was zu sagen hat, würde eine wie dich wieder ziehen lassen."

„Dein Wort in Gottes Ohr, Mama."

Scholle wartet unten bei seinem Moped. „Mmh, hattet ihr Obstsalat? Du riechst so lecker."

„Musst du gerade sagen", grummele ich, aber er reagiert nicht, weil er in diesem Moment das Fahrzeug umdreht.

Ich bin noch nie auf so einem Ding mitgefahren. Die Jungen aus der Klasse geben ihr ganzes Geld für Rauchen oder Kneipen aus. Hätte meine Haare zusammenbinden sollen. Als ich absteige – ich glaube, wir sind hier am Arsch der Welt – sind sie verknotet wie nach einem Sandsturm.

Und meine Beine spannen. Auf der Packungsbeilage haben sie eine erbsengroße Menge zum Eincremen empfohlen, aber ich dachte, damit überhaupt so was wie ein zusätzlicher Glätteeffekt eintritt, nehme ich besser gleich eine Hand voll.

Ist ein riesiges Gebäude mit viel Glas, um das wir jetzt herumgehen. Die Eingangshalle lichtdurchflutet und bestimmt groß genug, um daraus auf drei Ebenen Sozialwohnungen zu machen. Scholle grüßt eine Frau hinter einem Tresen, den ich vor lauter Säulen und pastellfarbenen Stoffgewölben erst jetzt sehe. Ihr Hallo kommt so gedämpft, dass mir das Ausmaß meines befremdlichen Unternehmens mit einem Schlag bewusst wird. Das hier ist nicht der Platz vorm Stadion, wo täglich hunderte von Fans auf ihre Stars warten. Ist überhaupt nichts mit Fans, ich bin sozusagen mitten im Backstagebereich, nur dass hier keine langhaarigen Roadies irgendwelche Verstärkerboxen schleppen, sondern topgestylte Frauen in orangefarbenen Kostümen einen blinkernden Gläserwald auf

letzte Staubkörnchen untersuchen. Ich traue mich kaum, einen Fuß vor den anderen zu setzen, so groß ist meine Angst, eine der kunstvoll aufgestellten Servietten könnte dabei umfallen.
Scholle bringt mich zu einem Raum, in dem eine gewisse Sandra mich ziemlich indiskret unter die Lupe nimmt. Ihr Zwinkern, als sie mir ein Kostüm in einer durchsichtigen Folie gibt, heißt wohl, dass sie Bescheid weiß. Bin mir nur nicht ganz sicher, worüber: meine gefakte Mitarbeit hier oder dass Scholle wieder mal ein Mädchen angeschleppt hat, um sich dadurch eine heiße Nacht zu verschaffen.
Ob ich Nylons bräuchte, fragt Sandra, während ich mich hinter einer Art Stellwand aus meiner Jeans herausschäle. „Nee, danke", murmele ich, denn Mamas Glättungscreme hält meine Beine strammer in Form als ein Paar Gummistrümpfe. „Aber wenn Sie vielleicht eine Bürste für mich hätten ..."
Wir haben noch Zeit bis zum Eintreffen der Gäste. Scholles Mutter, also die Frau, die ich mit Kopftuch und im Schlachterdress manchmal bis tief in die Nacht hinein habe Aale räuchern sehen, steht jetzt im Hostessenoutfit vor einem zwölfköpfigen Serviceteam und erteilt letzte Anweisungen. Mich begrüßt sie als Praktikantin, die heute nur mal schnuppern möchte. Meine Augen fressen sich im Teppich fest und mein Kopf wird immer heißer. Die anderen werden Praktikantinnen für die dümmsten Geschöpfe der Welt halten.
„Beim ersten Mal haben sie alle Lampenfieber", flüstert Scholle und ich möchte ihn fragen, was er glaubt, wer er ist, aber es kommt

nix, nur ein hilfloses Glotzen meinerseits, da zieht er mich mit sich nach hinten: „Los, wir trinken einen Sekt. Wirst sehen, danach bist du viel lockerer."

„Ja, mach ich irgendwie einen auf verspannt oder was?"

Aber darauf geht er gar nicht erst ein. Sagt, wenn ich merkte, dass ich bei manchen Gästen mit Deutsch nicht weiterkäme, zum Beispiel bei einigen Spielerfrauen, dann solle ich es gerne auf Englisch versuchen. „Englisch geht immer", meint Scholle und dann begeistert: „Hey, du sprichst ja auch Französisch! Aber brauch ich dir ja nicht zu sagen, wer sich darüber freut."

O Gott, was mache ich hier? Zerre meinen Rucksack herbei und fange wahllos an darin herumzukramen. Rob hat geschrieben. Wo ich bleibe, will er wissen, ein paar der Mädchen seien schon lange da und jeden Moment beginne auch das Turnier. Ich simse zurück, es könnte später werden. Gebe noch eine Verzögerung.

„Wichtiges Date?", fragt Scholle, der natürlich längst geschnallt hat, dass mein Handy nicht wegen irgendeines Alarms so vibriert, sondern von meinem eigenen Zittern.

Mehr aus Vorsicht, damit er sich keine falschen Hoffnungen auf den weiteren Verlauf des Abends macht, sage ich: „Will nachher noch ins Leagues Inn. Ein paar aus der Klasse treffen sich da."

Wenn er enttäuscht ist, weiß er das jedenfalls gut zu überspielen. Ob denn viele von uns eine Lehrstelle bekommen hätten, fragt er.

Ich sage: „Manche haben was und manche nicht", da dudelt es auch schon wieder. Senne. Sie schreibt, dass sie auf der A1 im

Stau stecken. „Schaffe es bestimmt nicht vor neun. Wie ist die Party?"

Wenn es so was wie Handygeister gäbe, ich glaube, ich wäre jetzt gerne einer. Einfach schwupp – und rein in das Gerät. Scholle sagt, er findet es fast unmöglich, sich mit sechzehn schon auf einen Beruf festzulegen.

Vorne ist die Teambesprechung lange vorbei. Zwei junge Männer, die schwer nach Tim Mälzer aussehen, hieven gerade ein riesiges Edelstahlbecken von einem Servierwagen auf den vorderen Büfetttisch. Dann kontrolliert der eine die Wärmeplatten, während der andere letzte Korrekturen an der unglaublich langen Tafel vornimmt. Ich wette, manche der Obstsorten, die dort als Deko auf den Platten liegen, kann selbst er nicht beim Namen nennen. Scholle sagt: „Diese Woche hatten wir einen Gastschüler aus Osterholz. Kann sein, dass der nach den Ferien zu uns rüberwechselt. Mensch, wär das nicht auch was für dich?"

Mir wird schwindelig. Jetzt auch noch Zukunft, zu all dem Rummel, der auf das unvermeidliche Eintreffen der Stars hindeutet – ich komm mir vor, als müsste ich tausend Meter laufen und dabei eine Mathearbeit schreiben.

Versuche, den Stress ringsherum irgendwie auszublenden. „Hi", tippe ich an Senne. „Bin noch woanders. Gehe selbst erst später. Lass dich überraschen."

Nachricht senden? Okay. Für eine Sekunde gelingt es mir sogar, mich in das Auto zu denken, in dem sie gleich mit ziemlich doo-

fer Miene meine SMS lesen wird. „Na dann", sagt Scholle und steht von seinem Barhocker auf. „Kommst du?"
Komisch, ich hatte die Aufgabe, mit Erfrischungsgetränken herumzugehen. Aber auf einmal steht ein ganzer Tross von Fußballgöttern in der Halle, und ich hab vergessen, wo mein Tablett ist.

24.

Der Bus hat soeben ein weiteres Dorf hinter sich gelassen und schwebt jetzt über die Landstraße. Ich kann mich nicht erinnern, jemals außerhalb der Stadtgrenze in einem Linienbus gefahren zu sein. Der hier hat Sitze, die fast bis zur Decke reichen und nach hinten verstellbar sind. Vielleicht mache ich mal eine von diesen Drei-Tage-Fahrten nach Paris oder Berlin. Ist angenehm, so durch die Landschaft zu rauschen. Ich glaube, die spitzen, knöchelhohen Blätter, die links und rechts auf den Feldern wachsen, sind Mais.
Außer mir sitzen noch vier andere Jugendliche im Bus, aber ganz weit hinten. Manchmal höre ich von den Jungen einzelne Satzbrocken, die beiden Mädchen gackern dann. Muss witzig sein, wenn man hier draußen wohnt und samstags in die Stadt fährt. Das geht bestimmt nicht mal eben so, wahrscheinlich ist hier erheblich mehr Planung angesagt als bei uns. Aber auch möglich, dass man dadurch öfter zum Nachdenken kommt. Wenn man

alleine über eine Wiese geht, zum Beispiel, da wird einem bestimmt so manches klar. Mir jedenfalls ist heute eine Menge klar geworden. Ein Gefühl wie nach dem großen Fenster putzen. Ich kann endlich wieder hinaussehen, zwar nicht besonders weit, aber irgendwie stimmt die Richtung.

Auf einmal geht es ganz leicht, das Handy zu nehmen und Gesas Nummer zu wählen. Das Einzige, was Überwindung kostet, ist, dass ich sie gleich enttäuschen muss. Wo sie mich wieder total nett begrüßt.

„Tut mir Leid, dass ich dich jetzt erst anrufe", beginne ich, und Gesa: „Mädchen, bin ich froh! Ich hätte es sonst Ute sagen müssen, dabei wollte ich doch erst mit dir sprechen. Hör zu, ich muss im August zur Kur, wegen meines Blutdrucks. Kann sein, dass ich eine ganze Weile ausfalle. Also, deine Lehre, die wär kein Problem, eine Freundin von mir würde dich so lange ausbilden, bis ich wieder kann. Aber sag mal, willst du denn das überhaupt? Ich hatte zuletzt den Eindruck, du kommst nur deiner Mutter zuliebe."

Die Felder sind schon eine große schwarze Fläche, auf der man nichts mehr unterscheiden kann. Dagegen, wenn ich hochsehe, zeichnen sich vor dem immer noch dämmernden Himmel klar die Wolken ab und ganz weit hinten sogar die verschwommene Kante eines Waldes.

„Ich hab mich nicht getraut, es dir zu sagen, Gesa. Und ich weiß auch jetzt noch nicht, wie ich das alles auf die Reihe kriegen soll. Aber es stimmt, ich würde wirklich lieber was anderes machen."

„Mädchen", sagt sie und es klingt so warm, dass ich sie in diesem Moment für den sympathischsten Menschen der Welt halte. „Ich wünsch dir ganz viel Glück."

Das vor uns kann nur Bremen sein. Sieht aus wie tausende von Lämpchen an einer dichten Lichterkette. Historisch, denke ich, dabei hätte ich bis eben nicht geglaubt, dass ich so ein Wort überhaupt drauf habe. Muss wohl immer einen Anlass geben, um auf außergewöhnliche Sachen zu kommen. Dieses Bild jedenfalls wird in mein persönliches Geschichtsbuch eingehen. Und ich werde bestimmt auch wieder herfahren. Den Horizont erweitern. Meine Güte, hier draußen kommt man auf Sachen, die einem da, wo ich wohne, nicht im Traum einfallen.

Aus den vielen kleinen Lichtern sind längst Straßenlampen geworden oder beleuchtete Fenster. Die von hinten machen sich allmählich klar für ihren Cruise durch die Läden. Ich könnte ewig so weiterfahren. Und darüber eindösen, was alles möglich wäre, jetzt, da die Sache mit Gesa ausgestanden ist. Hoffentlich schüttelt Mama sich nicht noch in letzter Minute einen verschwuchtelten Hairstylisten aus dem Ärmel. Oder einen Prollpromi. So wie sie funktioniert, hätte sie wohl auch keine Skrupel, mich an Florian Silbereisen zu verschachern.

Schon auf dem Gehweg zum Leagues Inn höre ich die Gäste durch die offenen Fenster *Lebenslang grün-weiß* singen. Scheinen immer noch viele zu sein, die inzwischen etwas rührselig das Ende der Saison feiern. Lily, die auch gerade nach oben will, sagt, der

Laden sei noch Stunden nach dem Abpfiff so voll gewesen, dass sie eben erst mit der Party hätten anfangen können.

Ich frage: „Kommst du jetzt von zu Hause?"

„Nee. Ich war nur kurz unten, in der Fitness. Ich fang doch demnächst hier meine Ausbildung an."

„Was, echt? Das hat geklappt? Und die Schule, auf der du angemeldet warst?"

„Da ist jetzt 'n Platz frei."

Wunsch Nummer zwei, denke ich. Wenn Papa Geschäftsführer bei Tep & Tap wäre, dann wären ein paar Tausend mehr oder weniger im Jahr bei uns bestimmt kein Thema. Armer Paps. Ob er schon aus Hamburg zurück ist? Und sich in unserer Wohnvollzugsanstalt wieder Vorwürfe anhören muss? Ich hab Senne gerade zwischen den anderen erspäht. Sie hat noch eine grüne Raute vom HSV-Spiel auf der Wange und winkt mir aufgedreht zu. Der Typ neben ihr winkt auch. Er trägt den gleichen Gesichtsstempel, Moment mal, das ist doch Marc-Atze! Nur mit geschorenem Kopfpelz. Dann war sie also mit ihm in Hamburg. Hätte sie doch sagen können, dass da wieder was läuft, die Doofe.

„Mensch, wo warst du denn?" Auf einmal steht Rob vor mir. Dampft wie ein Kampfbulle, das T-Shirt bis zum Bauchnabel durchgeweicht.

„Ich hab doch geschrieben, dass es später wird."

„Aber doch nicht so spät! Ich hab hier die ganze Zeit auf dich gewartet."

„O Mann, das kenn ich! Warten ist blöd, oder?"
Er guckt etwas irritiert. Dann kommt ein ziemlich abgekämpfter Chef aus der Halle und die beiden schlurfen zu den Duschen. Ich geh mir als Erstes die Beine waschen. Hat was Befreiendes, wie sich die fiese Lackschicht jetzt unter dem Wasser löst. Nie wieder rühre ich irgendwas mit Glättung oder Antifalten oder Anti-leck-mich-am-Arsch an.
Als Jenny zum Klo will, stehe ich ohne Jeans da und mit einem Bein im Waschbecken.
„Was machst du denn hier?"
„Mich reinigen. Hab heute was Blödes ausprobiert. Aber war garantiert das letzte Mal."
„Du musst unbedingt kommen", ruft sie und pinkelt dabei wie ein Wasserfall. „Sie wollen Hunt nicht als coolsten Stürmer durchgehen lassen. Stell dir vor, Josie hat Guerrero vorgeschlagen. Mel, einen Bayern!"
Schon vor Tagen haben wir ausgemacht, dass unsere Saisonnachlese für die ganze Liga gelten soll. Aber genau das scheint jetzt das Problem zu sein. Die Mädchen sitzen auf Tischen oder auch gar nicht und liefern sich Wortgefechte wie Obstpflücker vor dem Generalstreik. Kaum wirft eine den Namen Berbatov ins Spiel, für den Profi mit der romantischsten Ausstrahlung, schon hetzt Yasmin mit lauten Ivan-Ivan-Rufen dagegen an. Man darf auch nicht sagen, dass Pizarro was Verwegenes hat oder Rense einer der süßesten Torwarte ist. „Scheiß-Bayern!", tönt es daraufhin gleich von

den Ex-Ismaël-Fans, und Kaya brüllt: „Leute! Entweder darf hier jede von uns ihre Meinung äußern oder der Punkt Saisonrückblick wird ersatzlos gestrichen. Außerdem, lasst doch die Bayern! Wo die sich gerade entschlossen haben, auch endlich mal attraktiven Fußball zu spielen. Also weiter jetzt, als Nächstes den mit dem geilsten Namen!"

Na bitte, geht doch. Sie einigen sich ohne viel Krawall auf Cherundolo. Obwohl eine beachtliche Zahl auch für Mahdavikia gestimmt hat. Kobiaschwili halten sie vom Namen her eher für einen Lachsack. „Aber der könnte den Wollsockenpreis kriegen, für den größten Öko", meint Charlie. „Und als Rocker der Liga nehmen wir Bordon." – „Quatsch Bordon, der ist Saxofonist, Mann! Rocker kann nur Demichelis werden, mit dem Gesicht!"

„Und wenn wir zur Abwechslung mal über Fußball reden?", fragt Kaya jetzt in die Runde. „Na los, Leute, eure Favoriten im Mittelfeld!"

Wenn Augen schießen könnten! Senne jedenfalls versucht mich mit ihren gerade zu durchlöchern. Aber ich sag nix. Werd mich hüten, hier meinen Always-and-Forever-Helden preiszugeben. „Rafael Rakete!", brüllt Lily da und Jenny: „Spinnst du? Den Zwerg von der Elbe? Der beste Mittelfeldspieler kann ja wohl nur Boro sein. Der beste und der gefährlichste."

„Stimmt", sagt jetzt auch Lena. „Außerdem ist er 'n echter Elfer-Versenker geworden. Aber das hat er im letzten Herbst ja auch im Sportclub gesagt. Dass er verdammt gerne Elfer schießt."

Sehr gerne, würde ich am liebsten richtig stellen. Auf die Frage, ob er gerne Elfmeter schießt, hat Boro damals *sehr gerne* geantwortet, nicht *verdammt gerne,* schließlich ist er kein Proll.

Mein Handy klingelt. Hilfe, unsere Festnetznummer! Dann geht jetzt also der Ärger los. Ich laufe rüber zu den Toiletten. „Mama?"

„Melanie! Ich glaub's ja wohl nicht! Sag mal, hast du schon länger davon gewusst?"

„Wovon denn gewusst, Mama?" Automatisch ziehe ich den Kopf ein.

„Ich fühl mich ja so was von verarscht! Und das, wo ich jahrelang nur investiert habe."

„Nun sag doch was!"

„Was soll ich denn sagen?"

„Zum Beispiel, dass es nicht in Ordnung ist."

„Es ist nicht in Ordnung, Mama."

„Und dass man so keinen Menschen behandelt."

„Du hast ja Recht."

„Einfach wegfahren und kein Wort sagen. Und dann von irgendwoher anrufen und einen auf Party machen."

„Aber wieso, dass ich heute zur Party gehe, das hatte ich doch gesagt."

„Du doch nicht! Ich rede von deinem Vater! Mensch, der meldet sich eben und sagt, er kommt heute nicht nach Hause. Bleibt einfach in Hamburg."

Plock. Das war mein Hinterkopf, der gerade gegen die Wandfliesen geknallt ist.

„Melanie, bist du noch dran? Sag doch was! Ich meine, kannst du dir das erklären?"

„Also ... irgendwie schon."

„Wie, irgendwie schon? Jetzt nimm ihn auch noch in Schutz! Hast du dich denn wenigstens bei Gesa gemeldet?"

„Ja, hab ich."

„Und?"

„Erzähl ich dir morgen."

„Na, toll. Dann erfahr ich jetzt wohl von euch beiden nichts mehr. Komm nicht so spät nach Hause, hörst du?"

Rob ist auch gerade fertig. Streckt den Arm nach mir aus und presst mich dann an sich. Keine Spur mehr von sauer. Nur der Chef schlurft noch genauso deprimiert durch den Laden wie vorhin. „Habt ihr denn verloren?", frage ich und Rob: „Wir doch nicht! Ihm geht's heute nur scheiße. Er hat erfahren, dass die Baufirma seines Onkels pleite ist."

„Nee. Und seine Lehrstelle?"

„Tja." Rob hebt die Schultern. „Und erst der Platz in der VIP-Loge! Jetzt muss er doch wieder in die Ostkurve."

Sie wollen erstmal an die Bar, was trinken. Alle Jungen. Ich glaube, auf unser Quiz mit den Profibeschreibungen haben sie im Grunde gar keinen Bock. „Ach, lass mal lieber gleich das Sportstudio gucken", sagte Owo vorhin. „Noch einmal so richtig satt Buli."

Es gibt Wraps in verschiedenen Variationen. Der, den ich erwischt habe, ist mit Pute. Lily rutscht mit ihrem Teller auf den Platz neben mir. Sieht ganz nach Gyros-Füllung aus bei ihr, auch lecker.
„Hey, Leute", sagt Jenny, während die meisten von uns inzwischen essen. „Warum machen wir nicht an unserem Glücksprojekt weiter? Solange die da drüben fernsehen."
Ist witzig, wie manche plötzlich anfangen zu schlingen, während andere beim Kauen noch einen Gang runterschalten. Senne, die bisher nur Wasser getrunken hat, sagt, sie geht mal eben zu Marc rüber. „O komm", nörgelt Yasmin. „Entweder arbeiten wir das alle zusammen aus oder gar nicht", da zieht Senne ein Nervgesicht und setzt sich wieder.
Kaya hat eben erst angefangen zu essen. Deshalb macht Jenny heute den Moderator. „Also los, wiederholen wir als Erstes mal unsere Strategie!"
Für ihr Einhundert-Prozent-Glück-Projekt haben sie inzwischen ein Konzept, das jeder Lehrer, wäre es eine Gruppenarbeit, wohl mit glatt eins benoten würde. Vielleicht werde ich es mir irgendwann abschreiben. Um ein Muster zu haben, falls ich selber mal einen Handlungsplan für etwas brauche. Diesen hier, also die Frage, wie man es anstellt, einen Profi von seiner aufrichtigen Zuneigung zu überzeugen, habe ich heute endgültig begraben.
Mir ist schließlich doch noch eingefallen, wo mein Tablett stand. Ich bin sogar tapfer damit los, etwa ein Dutzend Gläser waren drauf. Und auch wenn ich wahnsinnig gezittert habe und meine

Haare schon bis weit über die Wurzeln raus im Schweiß standen, ich hab da jetzt keine Hechtrolle oder so was hingelegt. Hab mich an Scholle orientiert, der souverän mit einer Mannschaftsladung Bier losspazierte. In seinem Kellneroutfit kam er mir plötzlich wie ein Held vor.

Die meisten hatten schon was zu trinken. Ein Glück, denn hätte sich jemand was bei mir genommen, ich wär mir total blöd vorgekommen, so mit den Augen am Boden. Aber aufsehen ging irgendwie nicht. Ich dachte, so etwa werden sich Nonnen fühlen, die man zum Männerstriptease verdonnert.

Dabei weiß ich eigentlich noch immer nicht, was mich so eingeschüchtert hat. Die Gäste standen in Grüppchen und plauderten. Ich sah Vereinsbeine in amtlichen dunklen Hosen, aber auch viele in Jeans, sogar Used Look. Manche Frauen trugen Highheels, aus denen dunkle, ultraglatte Mannequinbeine emporschossen – ich tippe auf Selbstbräuner plus Kreosotbusch-Extrakt. Vielleicht war es ja das, was mich fertig machte, dass sie so wohlgestylt dastanden, aber nichts, rein gar nichts deutete auf Zicke hin oder auf unaufrichtig. Leute wie du und ich, könnte man denken, nur dass die hier einen Kreis für sich bildeten. Man würde sie wohl kaum beim All-you-can-eat in einem abgetakelten China-Restaurant finden. Ich weiß noch, dass irgendjemand hinter mir vorbeiging, ziemlich eng war es gerade. Jedenfalls musste ich einen Schritt nach vorne machen und jetzt doch aufsehen, weil mein Tablett einen der Gäste angetippt hatte und – du meine Güte – sein Blick war noch

intensiver als damals beim Training. „Hallo", sagte er. Ich schwöre, es war keins von diesen Mach-doch-nichts-Hallos, das hier hieß eindeutig *Uns schon mal begegnet.*
„Mel, hörst du überhaupt zu?"
Merke jetzt erst, dass sich die anderen am Tisch ganz auf mich konzentrieren. „Erzähl doch mal", bittet mich Jenny. „Du hast schließlich Erfahrung mit Spielerkontakten. Was sollen wir tun, um über das normale Blabla hinwegzukommen? Du weißt schon, persönlicher Rahmen und so was, nicht nur blödes Fan-Sein."
Dieses schmeichelnde Profilächeln, nach dem sich die ganze Mädchenwelt sehnt, da wird doch viel zuviel reininterpretiert. Ein Blick kann dir hundertmal sagen, dass jemand dich wiedererkennt, trotzdem weißt du noch lange nicht, woher.
Ich stand noch mit offenem Mund da und wahrscheinlich leuchtend wie ein Liebesapfel, als er sich längst wieder seinen Gesprächspartnern zugewandt hatte. Aber allmählich wurde mir klar, wer ich war: eine stinknormale Bedienung. Und war ja sogar nett, dass er mich begrüßt hatte, wer weiß, ob ein Ballack zu so was überhaupt in der Lage wäre. Uns schon mal begegnet kann jedenfalls alles heißen – in der Bahn, auf dem Misthaufen, zum Teufel auch! Wahrscheinlich hat er mich mit der Cateringfirma in Verbindung gebracht, dass er meinte, mich auf einem dieser Events schon gesehen zu haben. Ich glaube, wenn ich Spielerberater wäre oder Lebensberater für Spieler – keine Ahnung, irgendwas in der Richtung müssen die ja haben, so wie die dauernd auf dem Prä-

sentierteller stehen – ich würde meinen Profis empfehlen, nie, niemals einen Fan anzulächeln. Sieht man ja bei mir, wo das hinführt. Mein gesamtes Leben hatte ich schon umgestrickt und das nur, weil ein Typ, ein einziger Wahnsinnstyp, mir zwei- oder dreimal nett zugelächelt hat.

„Jetzt sag doch, Mel! Wie können wir es erreichen, dass die auf uns aufmerksam werden?"

„Gar nicht", antworte ich und es ist mir egal, wie Jenny und ein paar anderen gerade die Klappe runterfällt. Muss endlich mal Schluss sein mit diesem Traumdenken. Ich sage: „Glaubt ihr, so wie die umschwärmt werden, wünschen die sich auch noch einen Club heiratswilliger Mädchen?"

„So redest du nur, weil du selber abgeblitzt bist!", keift Jenny. Und Lena: „Jetzt lass sie doch mal!"

Ich meine, ich brauche auch nichts zu sagen. Aber ausgerechnet Jenny! Von wegen aufrichtige Zuneigung! Die wechselt doch ihre Werderhelden wie die Stücke auf ihrem MP3-Player. „Wieso bist du eigentlich auf Hunt umgestiegen?", frage ich sie quer über den Tisch. „Doch weil bei Micoud nichts zu holen war, oder? Das heißt, du schießt den einen zum Mond, weil du bei dem anderen größere Chancen auf Kontakte siehst. Und gleichzeitig behauptest du, dir ginge es rein um das persönliche Glück des Spielers. Ganz schön flaches Glücksempfinden. Stell dir mal vor, Hunt heiratet nächste Woche. Suchst du dir dann wieder einen neuen, dem du was von aufrichtig erzählst?"

„Sag mal, hattest du irgendwie 'ne Erleuchtung oder was?"
„Nee, aber so 'ne Art schicksalhafte Begegnung."
„Is' ja doll", faucht Jenny, worauf ein paar andere die Luft einsaugen wie bei plötzlichen Zahnschmerzen. Normalerweise kostet es fünfzig Cent in die Klassenkasse, wenn jemand Vokabeln wie *doll* oder *Pizza-Service* oder *Tag der offenen Tür* benutzt.
„Und?" Ich glaube, größer als jetzt könnte Jennys Wut auch nicht sein, wenn morgen im WK stünde, alle ledigen Werderaner hätten sich öffentlich zum Zölibat bekannt. „Erzähl doch mal von deiner schicksalhaften Begegnung! Mit wem warst du denn schon alles auf 'ne Wurst, häh?"
Es ist Josie, die das Stecknadelschweigen Sekunden später bricht: „Ich würd schon gerne hören, was Mel erlebt hat", sagt sie und drei oder vier andere nicken.
„Da war eigentlich kaum was", beginne ich verhalten. „Nur so banale Dinge, die jeden Tag zwischen einem Profi und seinen Fans ablaufen. Aber ich hab mir sonst was darauf eingebildet. Wisst ihr noch, vor ein paar Wochen, der ULF?"
Und dann erzähle ich ihnen die Geschichte. Ein paar Mal möchte ich mittendrin aufhören, denn erst jetzt, während ich laut darüber spreche, wird mir klar, wie nichtig die Hinweise auf ein mögliches Interesse seinerseits waren und wie dumm und übertrieben meine Fantasie. Jenny kriegt den Mund kaum noch zu, so schockiert ist sie von der Nachricht, dass es mir nie um Hunt gegangen ist, immer nur um Boro.

„Aber das ist auch egal", sage ich. „Weil es vom Prinzip her dasselbe wäre: Die sind einmal nett, und schon fangen wir an auszuticken. Echt, wenn ich irgendwas aus dieser ganzen Sache gelernt habe, dann dass wir uns mit unserem Glücksprojekt nur lächerlich machen können."

„Und was schlägst du vor?", fragt Yasmin nach einer langen, traurigen Pause. „Die Aktion einfach fallen lassen?"

Ist mir eigentlich nicht recht, dass sie jetzt dasitzen wie Gäste auf einer Beerdigung und ich soll die Trauerrede halten. Aber wo inzwischen sogar Jenny aufgehört hat zu motzen? Wahrscheinlich tickert sie im Geist gerade all unsere Stadionbesuche durch; so nachdenklich habe ich sie jedenfalls noch in keiner Klassenarbeit erlebt.

„Ich finde, wir sollten diesen Ich-will-deine-Freundin-sein-Scheiß da rauslassen", sage ich. „Warum ehren wir sie nicht einfach als das, was sie sind: total geile Profis, die den coolsten Fußball überhaupt spielen und mal wieder sensationell was gerissen haben?"

„Weil das voll die langweilige Kacke wäre." Yasmin lehnt sich beleidigt zurück. Ein paar andere fangen an zu nörgeln.

„Leute", meldet sich Kaya endlich zu Wort. „Wir müssen uns doch auch mal fragen, was *die* wollen. Ich jedenfalls hab keine Lust, mich lächerlich zu machen, ihr etwa?"

„Mit unserem Glücksprojekt wären wir wenigstens was Besonderes."

„Ja, wahrscheinlich besonders naiv. Und das würde weder denen noch uns helfen. Was meinst du, Mel?"

„Weiß ich nich'. Ich finde nur, dass die ganz schön unter Druck stehen. Ewig top sein müssen, weil die Fans das so erwarten. Habt ihr eigentlich mal darüber nachgedacht, was ist, wenn es eines Tages wieder bergab geht? Halt, nee! Ich wünsch mir das auch nicht! Aber falls mal, also, man kann ja jetzt nicht voraussetzen, dass Werder so lange, wie wir auf der Welt sind, ganz oben mitmischt. Da kommen bestimmt auch irgendwann magere Jahre. Und ich wette, dann springen als Erste die wieder ab, die seit dem Double am lautesten den Mund aufreißen. Wisst ihr, das finde ich so blöd am Fan-Sein. Dass viele nur dabei sind, solange der Erfolg stimmt. Dabei braucht der Verein uns in weniger guten Zeiten doch viel mehr."

„Also Treue", beschließt Kaya. Und Jenny: „Wie jetzt, ist Glück damit etwa gecancelt?"

„Nur, was du unter Glück verstehst", sagt Lily, die meisten kichern. Dabei wollte sie gar nicht witzig sein. Diese Glückssache, sagt sie, die habe sie eigentlich nur der Gemeinschaft wegen mitgemacht. „Damit wir auch nach der Schule noch was miteinander zu tun haben."

Wird richtig still jetzt. Von Lily hat das wohl so niemand erwartet.

Als die Jungen dazukommen, erst Owo und der Lutscher, die nur mal gucken wollen, und bald darauf die anderen, sind sie von unserem Einhundert-Prozent-Treue-Projekt komplett begeistert. „Hätt ich euch gar nicht zugetraut", lobt der Chef und meint, un-

ter diesen Umständen könne er ja sogar froh sein, nicht bei irgendwelchen Bauärschen in der Loge sitzen zu müssen. „Also Leute, erstmal Mitgliedschaft, wer noch nicht drin ist, und dann treffen wir uns regelmäßig in der Ostkurve."
„Und bei Auswärtsspielen hier!", ergänzen gleich mehrere auf einmal.
Rob lehnt hinter mir an der Bank, die Hände lässig auf meinen Schultern. Manchmal zwickt er mich, ich glaube, die Aussicht, dass sich Freundin und Fußball in Zukunft bestens miteinander kombinieren lassen, macht ihm Spaß. „Sag mal, schaffst du das denn immer bis zum Anpfiff? Wie lange müssen Frisöre eigentlich samstags arbeiten?"
„Keine Ahnung. Aber ich werde in Zukunft wohl samstags frei haben." Er nickt abwesend. Klar ist das, was die anderen reden, im Moment interessanter.
Es soll ein offener Fanclub sein, nicht nur für die aus der Klasse. Wär doch blöd, meint Kaya, wenn man sich am Wochenende zwischen seinem Partner oder der Gruppe entscheiden müsste. Senne wendet sich mit rührigen Kulleraugen an Marc. Der Chef weiß noch nicht, ob Lynn dabei ist, er tippt aber, ja. „Komm, leg mal auf", sagt er wenig später zu Owo und, unglaublich, mir kommt schon wieder der Gedanke an historisch. Wir wir jetzt dasitzen und zusammen die Werderhymne singen. Die Zeile *Und sie lassen ihn ziehen, sie lassen ihn schießen* ist immer noch Domshof pur. Kein Promi wird mit seinem Gruß an *alle in Brem'* je wieder so

viel Sympathie ernten wie Thomas Schaaf. Sehe ihn jetzt noch aus dem Cockpit ragen und die Invasion an der Landebahn filmen, na klar war er damals angeschnallt!
Wir beklatschen unsere Clubgründung, als wär's die nächste Jahrtausendwende. Sogar Jenny lacht mit. Dann legt Owo *In the Shadows* auf und sie schnappt sich den Lutscher. Viele haben auf einmal das Bedürfnis loszutoben. HipHop, R'n'B – bei Musik sind sie sich einiger als im Fußball. Ich gehe, als Green Day kommt, auf die winzige Tanzfläche. Das glasklare A-a von Billie Joe jedes Mal wie ein kleines Abheben. Aber zwischendurch auch immer wieder totales Gejohle, ist wirklich unsere Party, ich versteh nicht, wie Rob und der Chef da hinten sitzen können und sich die Köpfe heißreden. Einhundert Prozent Treue – Mann, ja, das rockt, aber würde doch auch reichen, wenn sie sich morgen darüber unterhielten.
Muss pinkeln. Auf meinem Handy ist eine Nachricht von Paps: „Hallo Süße, mach dir keine Sorgen, wenn ich heute mal wegbleibe. Ist alles okay."
Auf dem Klo überkommt mich eine Megasehnsucht. Vielleicht wegen der beiden Weinschorlen, die ich getrunken habe. Oder überhaupt. Ich gehe runter, einmal frische Luft. Dabei hab ich auf den letzten Treppenstufen schon das Handy aus der Tasche. Verbindung herstellen. Mist, über den Parkplatz knattert gerade eine nervige Maschine. Also noch etwas weiter nach hinten, bis um die Hausecke rum, da meldet er sich auch schon: „Mädchen! Toll, dass du anrufst!"

Er sagt, er sitze mit dem Holly in einer Kneipe in Eppendorf und genieße die Ruhe. „Und bei dir?"
„Ist auch gut, Papa. Weißt du, ich wollte dich fragen, also, wenn ich noch weiter zur Schule ginge, hättest du da was gegen?"
„Spinnst du?"
„Aber Mama."
Pause. Ich höre nur, wie er beim Ausatmen leise vor sich hinzischt. „Mellie", sagt er dann und es klingt wie ein Gelöbnis. „Kann sein, dass wir Mama in Zukunft öfter mal enttäuschen müssen. Aber geht vielleicht nicht anders. Wir wollen uns ja auch irgendwie weiterentwickeln, was meinst du?"
„Du bist der Beste, Papa."
Ich stehe noch lange in meiner Nische. Die Hauswand ist kratzig und kühl. Von oben höre ich, wie manche die Refrains mitsingen. Bestimmt sitzen Rob und der Chef noch an ihrem Tisch.
„Hi!" Es kommt aus dem Dunkel vom Parkplatz. „Alles okay bei dir?"
„Basti!", rufe ich und stürme auf ihn zu. In seinem Haar der Geruch von Scampispießen und feinen Salaten. Bin froh, dass mir als Erstes sein echter Name eingefallen ist und nicht Scholle. „Mann, was machst du hier?"
Er wuschelt sich über den Kopf. Wegen dem Helm, könnte man denken, aber ich glaube, auch aus Verlegenheit. „Du bist vorhin so plötzlich los", sagt er. „Da wollte ich lieber mal nachsehen."
„Wir ..." – ist mir jetzt auch ein bisschen peinlich. „Wir feiern

da oben. Magst du nicht mitkommen? Die meisten kennst du doch."

Ob das zuviel war? Seine lausige Zeit damals in unserer Klasse, ich hab mich nie getraut, ihn darauf anzusprechen. Aber Basti wirft sich den Rucksack über die Schulter und zieht entschlossen seine Jacke auf.

„Ist der Empfang denn vorbei?", frage ich, als wir nebeneinander nach oben gehen.

„So ziemlich. Hey! Ich hab echt gedacht, dir fehlt was. Aber ich stand da total fest bei den Vorspeisen."

„Macht doch nichts. Ich war nur ...", ups – fast wäre ich an einer Stufe abgeschmiert. „Weißt du, irgendwie war mir das 'ne Nummer zu groß. All die gestylten Leute da."

„O Mann, tut mir Leid!"

Und mir erst! An ihm hat's ja nun wirklich nicht gelegen. Aber da stürmt bereits Jenny auf uns zu. „Nanu, Scholle! Wie kommst du denn hierher?" Ungläubiger als jetzt würde sie wohl auch nicht gucken, wenn plötzlich Aaron Hunt vor ihr stünde. „Bock auf Tanzen?", fragt sie schließlich. Und als Basti darauf nicht antwortet: „Penner!"

Rob sitzt tatsächlich noch am selben Platz. Winkt mir zu, als er mich sieht. Zieht prüfend die Augen zusammen. Dann steht er auf und kommt rüber. Showdown, denke ich.

„Ja, sag mal! Wenn das nicht ..."

„Mein Nachbar", falle ich ihm ins Wort.

„Klar, Scholle! Und? Alles fit?"

„Sieht so aus." Basti gibt mir ein Zeichen, dass er zur Bar geht und lässt Rob einfach stehen. Der hat inzwischen tiefe Nachdenkfalten: „Sag mal, war das etwa wegen dem?"

„Wie?"

„Na, die Verzögerung heute Abend. Dass du so viel später kamst."

„Ach, du meinst Basti? Hör auf, der ist doch 'ne ganz andere Liga."

Er weicht einen Schritt zurück. Seine Stirn ein einziges Fragezeichen. „Los, komm", sage ich und ziehe ihn. „Wir holen uns auch was." Schade, dass er vergessen hat, wie miteinander reden geht. Oder vielleicht ja sogar tanzen.

25.

Die Fliesen unter meinen Waden sind an einer Stelle schon ganz locker. Sitze auf meiner Jacke, den Rücken an der breiten Tür eines Einbauschranks. Von irgendeiner Lampe im Hinterhof fällt schwaches Licht durch die hohen Fenster. Die Deckenbeleuchtung vorhin war viel zu hell, selbst die über der Kochfläche.
Ich hab schon als wir ankamen gesehen, dass Mama noch nicht schlief. Keinen Bock nach oben. Und dann fiel Basti der Prosecco ein, von dem in der ausgeräumten Küche noch eine Flasche im Kühlschrank lag. Gläser gibt's nicht mehr, nur noch Plastikbecher in einer klebrigen Schlauchtüte.
Basti sagt, genau dieses Zeug würden sie auch auf den Empfängen des SVW ausschenken. Es schmeckt wie ziemlich saurer Sekt, aber mit weniger Kohlensäure. Merkwürdig, dass Leute, die soviel Geld haben, nicht lieber was Süßes, Leckeres trinken.
Ich nippe noch immer an meinem fast vollen Becher, als der von Basti beim Abstellen schon hohl auf die Fliesen pocht. Dabei lacht

er und schüttelt den Kopf wie bereits unterwegs ein paar Mal. Meine Mitschülerinnen, sagt er, die seien ja noch verrückter als die Mädels bei ihm in der Klasse. Obwohl es da auch ganz schöne Kracher gebe. Die eine, zum Beispiel, die habe ihren Freund nur, weil der bei Elko arbeite. Da mache er zwar nichts anderes, als vor einem Spiel tausende von Leuten abzugrapschen, aber irgendwann, meine jedenfalls diese Mitschülerin, käme ihr Freund schon in einen anderen Bereich, zu den VIP-Parkplätzen, zum Beispiel, und dann schlage ihre große Stunde, weil sie dann nach ein paar Heimspielen nämlich jeden Profi persönlich kennen würden.
Basti fragt erst, als ich ihn ansehe: „Naiv, oder?"
„Nicht unbedingt! Wir haben uns früher immer vorgestellt, wir bekämen was im Fanshop", erzähle ich und kichere überdreht.
„Okay, mit zwölf oder dreizehn, da hoffen doch viele noch auf den grün-weißen Prinzen. Aber heute, also was die Lily da meinte, ich finde, da fehlt echt'n bisschen die Bodenhaftung. Und gerade Lily. War die nicht früher immer so 'ne Modetante? Die mit Fußball nichts am Hut hatte?"
„Ist doch in Ordnung, wenn sie jetzt bei dem Treue-Projekt mitmacht."
„Klar, die ganze Idee ist super! Endlich mal was, wo es um den Verein geht, nicht immer nur um spielergeile Fans. Aber genau das, fürchte ich, hat Lily nicht so richtig begriffen."
Doch, hat sie, möchte ich am liebsten antworten. Schließlich war Lily eine der wenigen, die nicht an diesen Prinzenscheiß geglaubt

haben. Die Idee mit der Treue, die stand doch erst am Ende eines oberpeinlichen Heirate-mich-Projekts. Und ist ja nur gut, dass wir inzwischen lachen können, wenn Lily uns damit aufzieht.

Es war so gegen halb zwölf, als Owo die Musik leiser drehte. Um die Formalitäten zu klären, wie Kaya mal wieder souverän vor der ganzen Gruppe stehend verkündete. Eine Art Sprecher müsse bestimmt werden, der die Geschicke des neuen Fanclubs leite. Und natürlich Kontakt zum Verein aufnehme. „Hey, Leute!", krächzte der Chef schon etwas benebelt dazwischen. „Dieser Treue-Gedanke ist so geil, ich kann mir gut vorstellen, dass die vom Verein das auch so sehen und mal jemanden zu uns rausschicken."

„Aber dann will ich, dass Ivan mitkommt!", rief Yasmin in der Frequenz einer Jahrmarktströte.

„Quatsch, Ivan!", frotzelte Lily, zu der der Name Olsen Twin irgendwie nicht mehr passt. „Soll der doch weiter an seinem Ring lutschen. Wenn wir schon jemanden kriegen, dann Hunt! Ich muss unbedingt wissen, was der unter Glück versteht. Ehrlich, für Hunt würde ich zur Sklavin werden."

Natürlich warteten wir Mädchen jetzt alle auf den Protestschrei von Jenny. Aber der kam nicht. Weil Jenny längst offline war. Sie saß in einer unbeleuchteten Ecke und knutschte mit dem Lutscher.

„Aldder!" Dem Chef drohte die Stimme zu versagen. „Was geht'n da ab?"

Sie waren sich einig, dass die Party nach dem offiziellen Aus noch fortgesetzt werden müsse. Am besten bei Owo, dessen Eltern heu-

te auch in der AOL waren – „Kommen bestimmt nicht vor morgen früh."
Unten habe ich ein paar Mal ausgiebig gegähnt. Und Rob, offenbar hin- und hergerissen zwischen Mich-nach-Hause-bringen und Weitersaufen: „Was meinst du? Willste vielleicht lieber mit deinem Nachbar fahren?"
Ich sagte: „Eigentlich ist Basti gar nicht mehr mein Nachbar."
„Sondern?"
„Weiß ich auch nicht. 'n netter Typ, einfach." Aber da knatterte neben uns bereits das Moped.
Gerade hat er sich nochmal nachgegossen, mein Glas ist inzwischen auf drei viertel. Schmeckt auch nicht wirklich sauer, jedenfalls nicht so wie der Essig, den sie im Meister-Eck verkaufen, wenn jemand trockenen Wein bestellt.
Basti sagt, das sei für ihn bisher auch ein Grund gewesen, nicht so extrem auf der Fanschiene mitzureiten. Dass Leute oft gar nicht den Verein meinten, wenn sie für Werder schwärmten, sondern nur einzelne Spieler. „Du glaubst ja nicht, wie albern das sein kann. Zum Beispiel zwei aus meiner Klasse, deren Mütter stehen voll auf Tim Borowski. Hey, das musst du dir vorstellen, Boro, der ist gerade mal Mitte zwanzig, und wird von Frauen angehimmelt, die doppelt so alt sind wie er und sich Bilder von ihm an die Wand hängen und wer weiß was für Fantasien haben, Mensch, so was ist doch pervers!"
Ich überlege gerade, ob mein Interesse an Boro auch pervers war, da fängt Basti amüsiert an zu schnaufen. „Aber vielleicht übt der ja

auch auf Ältere einen besonderen Reiz aus. Ich hab jedenfalls noch von keiner gehört, die mit Ende Vierzig in Naldo oder Andreasen verknallt wäre, du etwa?"

Halte lieber den Mund. Bloß jetzt nichts über verknallt in einen Profi. Und Basti wird auch schon ernster, entschuldigt sich sogar. „Blödes Thema", sagt er gedämpft. „Wo gerade du dir nichts aus solchem Schwachsinn machst."

„Schwachsinn?"

„Na, diese Schwärmereien. Für einzelne Spieler. Wenn aus meiner Klasse mal eine mit beim Catering war, dann immer nur, um an jemanden ganz Bestimmtes ranzukommen. Aber dich lässt so was völlig kalt. Ehrlich, das finde ich so toll an dir."

Los, schnell noch einen Schluck. Für den Fall, dass mir gleich die Wangen durchglühen.

Basti sagt: „Guckt ihr eigentlich jedes Spiel zusammen?"

„Weiß ich noch nicht. Das mit dem Fanclub ist ja ganz neu. Und jetzt WM? Da wird man sich bestimmt öfter treffen."

Er holt seine Zigaretten aus der Brusttasche. Nö, mag nicht. Da prokelt er selber nur ein bisschen an der Schachtel rum und lässt sie anschließend auf die Fliesen gleiten.

Warum fragt er nicht nach meiner Handynummer? In drei Tagen zieht er hier weg und dann kein zufälliges Hallo mehr im Hof.

„Weißt du eigentlich, was für 'n Laden hier reinkommt?"

„Keine Ahnung. Ich glaub, der ist noch gar nicht wieder verpachtet."

„War klar. In der Umgebung."

Er lehnt den Kopf hinten an und schlägt die Beine übereinander.

„Hab trotzdem ein komisches Gefühl, von hier wegzuziehen. Ich meine, ich hab immer nur in diesem Block gewohnt."

„Ist bestimmt besser in Schwachhausen. Hier hast du doch nur aso."

„Hör auf, bist du etwa aso?"

Ich lache. Weiß nicht genau, was ich bin. Nur dass auf einmal alles anders ist. Vor ein paar Wochen noch hab ich den ganzen Laden zur Hölle gewünscht. Aber da hing ich ja auch noch an dieser Gegend. Vielleicht weil von denen, die ich kenne, nie einer weggezogen ist. Kann man sich nicht vorstellen, woanders hinzugehen, wenn keiner einem das vormacht. Aber ist letztendlich Stillstand.

Er sagt: „Ob du Bock hättest, öfter bei diesen Events mitzumachen?"

„Meinst du bedienen? Etwa die von Werder? Da ist doch jetzt Sommerpause."

„Ja, schon. Aber gibt ja auch 'ne Zeit nach der WM."

Ich starre ihn an. „Du verarschst mich doch."

„Nein!"

„So wie ich heute versagt habe?"

„Quatsch, jeder hat mal 'n schlechten Tag. Das ist wie im Fußball. Außerdem – nächstes Mal schockt dich das überhaupt nicht mehr. Die ganzen Stars, das wird was völlig Normales."

Ich seh Mama schon, wie sie von einem Beautyladen zum anderen läuft, immer auf der Jagd nach dem passenden Styling. Eine echte Wachspuppe wird sie aus mir machen. Am besten, ich sag gar nix von dieser Werdersache. Verdiene nur brav samstags ein paar Euro mit Bedienen. Und eines guten Tages, wenn dann doch der entscheidende Kontakt zu Stande gekommen ist …

„Blöd nur", sagt Basti – ich fahre vor Schreck zusammen, hatte ihn für einen Moment komplett ausgeblendet. „Blöd, dass das immer gerade bei den Heimspielen ist. Ich meine, wegen des Fanclubs! Vielleicht willst du ja lieber ins Stadion."

Teufel auch, nein! Aber jetzt bloß nicht überschäumen. Ich sage: „Stadion ist ja immer wieder. Da kann ich ruhig mal 'ne Saison kürzer treten. Bin ja dafür bei den Auswärtsspielen frei. Ob du da auch mal mitguckst?"

„Auf jeden Fall. Ich hab mir vorhin schon überlegt, dass ich am Neunten ins Leagues Inn gehe. Wird bestimmt 'n Hammer, der Auftakt. Ich glaub sowieso, die ganze WM wird schweinemäßig. Gerade jetzt", sagt er wesentlich leiser, „wo wir sicher einiges zusammen gucken."

Er streicht sich verlegen übers Bein. „Ganz ehrlich, Mel, ich hätt's echt blöd gefunden, dich aus den Augen zu verlieren."

Das gibt's doch nicht, mein Becher ist leer! Und hätte sogar noch Bock auf einen neuen. Oder vielleicht halb voll.

„Und überleg mal", sagt Basti weiter, „die neue Spielzeit. Wenn du willst, hole ich dich da vor der Arbeit immer ab. Und in einem Jahr, das heißt etwas später, im September, da hab ich 'n Führerschein.

Dann können wir ganz bequem in unseren Serviceklamotten von hier losfahren, was meinst du?"

„Hört sich gut an", sage ich und lasse den letzten Tropfen unten in meinem Becher kreisen. Die Dinge entwickeln sich. Ist praktisch gar nicht aufzuhalten, dass wir irgendwann erwachsen sind und Sachen selbst bestimmen und eigene Autos fahren.

Komisch, ich hab mich die ganze Zeit nicht gefragt, was wohl Boro für ein Auto fährt. Aber so richtig war das ja auch nie ein Thema. Ich meine, dass ich mal was damit zu tun haben könnte – jedenfalls bisher nicht.

Einhundert Prozent Dank an

- Udo Schmidt für den Anstoß
- Clemens Hütte – Gott ist ein Werder-Fan!
- Michael Frenk für das zuverlässige Versorgen mit der BILD

Aus dem Heimspiel gegen Köln wurde, weil das besser zur Handlung passt, in der Geschichte eine Auswärtsbegegnung. Und auch sonst hat sich natürlich nicht alles haargenau so abgespielt wie beschrieben. Aber dafür ist das hier ja auch ein Roman. ;-)